谁掠夺了我们的脸

陈染 著

作家出版社

陈染，女，作家。生于北京。幼年学习音乐。曾在北京做过大学中文系教师，后调入作家出版社。曾出版《陈染文集》（6卷），以及长篇小说、中短篇小说集、散文集、谈话录等多种专著。作品在英、美、德、意、日、韩等国家以及港台地区均有出版。

目录

我与我

总是在奔赴完一场礼节性的约会之后，在回家路上，伴随着身体里无边的空洞，找到「疲惫」这个语词的最完整的诠释——而不是在字典中。

喜欢向人引用明朝张岱的话，"人无癖不可与交，以其无深情也；人无疵不可与交，以其无真气也。"与其说是表明我的择友立场，莫如说是向人证实我自己的什么。说白了就是：我是一个有点"癖"又有点"疵"的人。

感动于凋败之美

一天，一个十年未见的旧友忽然来电话，他说，他看到了我在新浪博客上的一张新照片，这照片使他感慨和心酸，使他感到岁月的无情，他希望把这张相片换掉，换成我十年前"青春靓丽"的照片。

他的电话使我想到这个话题。

在我的感觉里，青春的美的确是光洁明艳、饱满灿烂、流光溢彩的，哪怕是掺杂了情绪化或者偏执的成分，哪怕青春是愤怒的，是敌意的，它依然是美妙的，令人羡慕的。但，仅仅是羡慕而已。它似一阵清朗而飘忽的风，抚在脸颊上，可一低头就不见了；如一声或清脆或低绵的呼唤，清晰地浮游而来，可一回眸就消散了，不见踪影，脆弱得转瞬即逝。

在我的审美感受中还有另外一种体验——不见得"怦然"然而的确"心动"的美，它是成熟的、内敛的甚而是沧桑的、凋败的，她的目光深澈，眼神盛满内容，眉宇间似有一种顾盼在无声倾诉，她的步履沉甸而从容，肌肤也在阅历的磨刀石上打磨过了，她的身上散发着古典主义和现代主义相混合的奇异味道，散发着由倦怠滋生出来的幸福感，由深刻的孤独演变而来的随和淡定，这综合的味道让人驻足流连，让人久不散去，甚至多年以后，在某一个怀旧伤古的初夏或者暮冬时辰，我们依然会被笼罩在一种莫名的、痛苦的想念中。

这样一种由内向外散发出来的神韵，便美得令人心痛、令人心碎了！这样的美，美得有"毒"！

这样的美，是需要闭着眼睛来看的。

如果说，青春的美是用皮肤来表达的，是用来触摸和感知的话；那么，成熟的甚而凋败的美便是从骨头里渗透出来的了，成为一种韵味，让我们感怀，让我们疼痛。除了想念，还是想念。

这也是为什么在落花流水般的岁月中，在浮光掠影的日子里，推杯换盏、觥筹交错之间，依然有人牢记着那一句迷人而伤感的玛格丽特·杜拉斯的台词："那时候你是年轻女人，与你那时的面貌相比，我更爱你现在备受摧残的面容……"

华年已逝、青春不再，岁月在我们每一个人的脸孔和内心都雕刻了流过的痕迹。据我（现有的）一生中的大部分时间的体验，盛开是一种美；凋败更是一种美。而且，在华美与凄美之间，我选择后者。这种倾向由来已久。

当然，现实终归是现实，文字是靠不住的。

在我与我之间，在我与世界之间，我心依旧。

谁掠夺了我们的脸

　　我所热爱的法兰西女作家尤瑟纳尔曾经说过一句话，大意是，要学会准确估算自己与上帝的距离，是非要到四十岁不可的。

　　我想，理解这句话倒不一定非得四十岁。

　　很多时候，青春，气宇轩昂得如同一尊惊叹号；或者如同烈日下的群马，轰隆隆跑过去，留下一片弥漫而壮烈的硝烟。

　　很多时候，青春，知觉醒着，智慧睡着。

　　四十岁，你刚刚从沸腾喧哗、粗声粗气的青春大道拐向一个略显悄然、低声细语的弯角路上，你内心的"光驱"刚刚被岁月储存了丰沛的内涵。你的前方是万籁沉寂的开阔地，你如一条深潜的鱼在堤岸河水里的清澈中默想一些事情，你的思绪贯穿了你周身所有的脉络，与你的经验浑然一体。此刻，太阳已带着问候滑下屋顶，黄昏在前方依然可以把你照亮，那是你的阅历为你秉烛。你可以听到秋天沉甸甸的小风在你的眼窝或者鼻翼的凹陷处栖息流连，与你亲密地交谈；你的头上是清凉绵软的云，液体一般流动；身旁是渐次变黑的树木，自由地浅吟低唱；昆虫和鸟类们在落叶、枯草以及灌木中自得其乐地啼啭鸣啾……

　　安详的大自然的鼾声如同迷人的音响，初始你体味到你曾经过往的喧哗之路，不免显得稚嫩，不免显得浅薄，甚至有点荒唐，那不过是鼻子尖底下的一点繁华景致，那似乎不是目光深处的远方。你忽然觉得你的昨天已经消遁得如此遥远，你忽然发现此刻你的身上像秋天的空气一般，绚烂与凋敝并存，热烈与淡漠并存，敏觉与木讷并存。你洞悉身前身后浮光掠影的世界的能力，并不妨碍你陷入对于一株年代久远的向日葵的深深怀念。

气定神闲，一门了不得的艺术！

40岁，一生中多么奢侈的季节！

世界上有两种人：一种人，40岁生命就已凋零，她依凭短暂易逝的生物本能活着，年轻是她唯一的通行证，她在浮华中眼花缭乱，目不暇接，就像昙花无法不让自己成为昙花那样，顾不上在自己的土壤中储备一些可供日后盛开的养分，当她红颜褪尽、香消玉殒之时，时光轻而易举就把她从人们的视线中掠走了，成为一株被人遗忘的干枝败叶；另一种人，40岁生命刚刚开始，她埋葬并穿越了青春期特有的晦涩哲学的泥泞之路，再一次出生了，她脸孔上岁月的风尘怎么也抵挡不住由她的内心和智慧滋养出来的坦然的光辉，那光辉是一种言辞，透露着她的内容，如同秋天的大地丰沃富饶、层林尽染，如同一个庞大的国家坦荡和岿然，就像苍老睿智、意蕴悠远、既凄凉又温暖的尤瑟纳尔的脸，穿越穹隆和浮云，穿越历史和光阴，永远地向我们走来，击中我们年轻的心！她从不曾在光中衰老，她只曾在光中死去，她死去得像睡着一样，那颗沉思疲倦的心脏仿佛只是小憩片刻就会重新年轻地搏动起来……

一个叫做阿特伍德的作家曾说，请问是谁挡住了风？

我不禁自语，请问是谁掠夺了我们的脸？

我究竟在这艘人世
之船上浮想什么

不知别人是否有过同样稚嫩脆弱的成长经历，我曾有过这样的一个时期：

大约在我十四五岁，也就是李商隐所写的"十五泣春风，背面秋千下"的年龄，有一次，我随母亲到火车站给她的一个朋友送行。那时候，我完全是一个不用大人费心寒暄搭讪的母亲身后的孩子。我已记不得当时母亲和朋友是真心地依依惜别，还是客套的热情。只记得，后来火车发出一声长长的沉闷的鸣笛，那声音在空旷的站台上凄凉地绵延弥漫，夹裹着乍暖还寒时节凉飕飕的小风，剜割在我心上。然后，车身慢慢启动了，客人踏上了火车，向我们挥手告别。再然后，客人挥着手与我们隔窗交错而过，渐渐远去。

这时候，不知为什么，我的眼泪忽然就涌了出来，而且莫名地伤感起来。

可是，这个客人，明明是我不认识的啊！

我站在那里，又尴尬又不好意思。趁母亲忙着与客人挥手致别的空档，我赶快用手抹掉泪水。

火车又是一声凄凄凉凉的长鸣，抛洒在渐行渐远的空中，远处黄昏的云朵浓彩重墨，似乎饱含着人世间的离愁别绪，我的眼泪又不听话地流了出来……

在后来的岁月中，我又经历了几次同样令我尴尬的场面，我便认定自己不适宜给人送行，便坚决地回避了这样的场面。

后来，我知道了我的眼泪为何而流。我是听不得那长长的凄凉的鸣笛声，那沉甸甸的声音，如同大提琴的低吟，古排箫的泣诉，让人凄迷恍惚。人去心空，距离像岁月一样拉远了，像梦一样融化成一片空茫，散淡难辨，恍若隔世。时光如同攥在手中的沙子，多少人世的生离死别、从此天涯的故事，就这样随风飘散了。

以我当时那幼小的未谙人世且善感多思的脆敏之心，怎能经得起那想象中存在的哀婉曲折、回肠九转的忧伤呢？

预习高考的时候，我和同班一个女同学非常要好。高考分数下来后，我得知自己考上了大学，便欢快地跑到她家。当听到她未被录取的消息时，我难过得眼泪立刻涌出眼眶。她倒是个心思宽阔的人，反过来安慰我，并做出匪夷所思的样子，说："咦，怎么像是你没考上大学呢？没考上的是我呀！"

正是夏天，我在人家院子里的树荫下流了半天泪。眼前是青藤缠绕的砖瓦房，屋檐下碎草叶在夕阳中舞动，树根草汁散发出芬芳的气味，燕子在窗檐下栖居，麻雀在不远处的土堆上觅食……这一切，都莫名地夸张、煽动了我的伤感，我在自己想象出来的分别中，在夏天的清风缠绕的湿漉漉的展望中，说了好多的分离在即、天各一方的话，好像永别似的。然后，在愈发浓重的暮色中心境怅然地走回家去。

其实，第二天，我们又一起跑出去玩去了。

一个青春少女的想象的忧伤，是多么的真挚，那泪水又是多么的不可靠啊！

终于，踉踉跄跄走过了那样一个不成熟的青春期。现在，粗砺的现实早已让人处之泰然。像所有的成年人一样，眼泪似乎被岁月蒸发得越来越少了。

可是，有时候，我依然会莫名其妙地沉湎于浮想联翩的非现实场景之中。

那天，接近中午时分，我在办公室里处理着案头事务。大楼里忽然有人从高层跑下来，说地震了，而且，据可靠消息称，待会儿还会有更大的地震。我慌忙收拾书包准备回家。同事说，你家楼层高，咱们这儿楼层低，不如就在办公室里躲地震。我回答说，我家里还有狗狗呢，它怎么办啊？就是死也不能让它在惊恐中四处撞墙，单独遇难啊。

我一边下楼，一边给好友电话通告，紧迫中甚至忘记了互致什么话语。然后，钻进汽车，狠踩油门。

车子在路面上飞奔，一些思绪也在我脑海中的"轨道"上飞奔、漫溢：

> ……断壁残垣、连绵废墟中，我家的狗狗三三侧躺在折断的钢筋水泥的夹缝中，浑身是血，小嘴半张着，像是倾吐什么。它的身体已经僵硬，一动不动，只有黑色弯卷的毛毛在荒凉的废墟中随风拂动。它那双惊恐万状的大眼睛用力张大，似乎依然等待着我回家……

这个想象出来的虚设场景，令我万分难过。我丢下它，让它在惊恐无助的、无比信赖的期待中死去，怎么可以！我甚至想，倘若大难来临，譬如战争，譬如不可抗拒的天灾，将使我们的城市坍陷甚至湮灭，假若我们将居无定所，颠沛流离、生死未卜，那么，我首先得抱着三三去医院安乐死，让它在我的怀中安然幸福地睡去，让它裹着我的被子将它和它所有的玩具一起安葬，让它放心地感觉到永远和家人守候在一起。然后，再和亲爱的人们奔赴难以预知的生路。我们是理性的成年人，我们情义深重，我们拥有一定的智慧面对这个世界的残酷和变异。可是，三三，它却不能。

我越想越远，居然想到我们的逃生路上。甚至，想起多年前在《犹太教法典》中看到过的一个片断：两个人在沙漠中迷了路，精疲力竭，出路却在远方。这时，仅仅剩下一瓶水是他们活下去的生活资料。倘若分享的话，两个人将会一起死在沙漠中，同归于尽；倘若留给一个人的话，这瓶水将会支撑他活着走出沙漠。在讨论这个情景时，有人说，"宁可两个人都死去，也比一个人成为他同伴之死的目击者要好。"另外有人说，"保持自己的生命，优先于他人的生命。"

我一边开车，一边迅速地抉择着：从理论上，后者的言论是成立的；但是在感性上，我坚决地选择前者，哪怕是愚蠢的。

就这样，我一路浮想联翩，思绪万千。

回到家中，三三热烈地扑向我，我像灾难过后的久别重逢一般，热烈地拥抱三三。

其实，一切风平浪静。

直到现在，什么也没有发生。为此，我们感激上苍的厚爱。

现在想来，我大概是个很善于在想象中勾画凄凉前景的一个人，奔逸的想象如同一只不成熟的马驹，完全无视现实这个大草场上的游戏规则。虽然现在，我的年龄和阅历早已稳稳地伫立在这草场的边缘成为牢固的栅栏，守护着那匹风驰电掣的思绪的"马驹"适可而止，理智如同缰绳，适时的把现实的场景拉近眼前。可是，早年遗留下来的想象的"痼疾"，像个贪食的喜欢偷吃零嘴的小孩，一旦那个"天穹"在我的脑中张开，它就会伺机而动，出其不意地来临，让我这个拥有足够理智的成年人猝不及防，然后疲于收场，而又无可奈何。

每当我说服自己，用现实的"补丁"遮住头脑中那个伺机敞开的"穹隆"时，我又会反过来说服自己：人世之船承载着我们，使我们在人生的远行中铸造了坚硬而庞大的理性；但是，我为什么不可以偶尔地"纵容"自己一下，在这艘巨船颠簸的倏忽间，在满天星斗的夜晚或者一缕低垂的粉红色的朝霞里，暗自沉缅，浮想联翩呢！

这，并不妨碍我确认自己在航程中的现实的位置啊。

折断的时间

　　早年，我曾在多处画册中看到过达利的《记忆的残痕》这幅画，画面上是三只时间完全停滞的柔软扭曲的钟表。记得当时我每次看到这幅画，内心都有一种说不出来矛盾感，至于怎么个矛盾法，我一直没来得及深思与沉淀，匆匆忙忙地就被新的事物所冲刷和覆盖了，就像一朵浪花撞击另一朵浪花，转瞬之间便归复于平静，涌动的暗流便潜藏于深水之下。

　　据我对画面的表层理解，我想，达利似乎在倾诉一种对"原始记忆"的闪现和拉回的渴望；倘若再往潜意识深处探寻的话，根据弗洛伊德主义的理论，手表或钟表是一种规律和纪律的象征，那么也可理解为达利对现实秩序以及现实规则的一种破坏的欲求。

　　回忆起来，在我反复观看现代派画册、画展的那个时期，也正是我叛逆情绪最为饱满的青春期。那个时候，我对现实说"不"，对约定俗成的观念说"不"，对所有的束缚人精神的条条框框说"不"！按说，以我当时的心理状态，对于达利的《记忆的残痕》描绘出的弯折扭曲的钟表所蕴含的精神指向，是不应该感到别扭的。但是，我就是有一股说不出的别扭。

　　随着岁月的流逝，更随着我对自己的本质的日渐清晰的理解，我恍然知道了这种内心的冲撞发生在哪里了——虽然，在思想观念上，我始终是一个不喜欢墨守成规、人云亦云的逆向思维者；但是，在现实生活的具体常态下，我又是一个喜欢遵循秩序、规则和纪律的人，这种遵循甚而到达刻板的程度。比如，我喜欢恪守时间的朋友，并要求自己守约守时；我喜欢购物环境是明码标价的场所，不喜欢那种谁有本事谁砍价的浮动价格的游戏规则；习惯日常起居的规律化，不习惯恣意妄为、任性散漫；喜欢社会各种秩序的规范化、法律化，不喜欢见人行事的随意化、人制化……总之，我依赖于有"纪律"的日常状态，而这种"纪律"完全来自于一种自我的意愿和自我的束约。

一方面，是喜欢思想意识上的不安分和自由感；另一方面，又倾向于在具体的日常生活上相对的秩序化和规范化。我想，现在回忆起来，早年达利那幅画带给我的内心冲突大致源于此吧。

其实，秩序和规则从来不是自由的对立面。所有的自由都是仰仗一定的制约而得以实现的。也可以说，没有制约，根本就没有自由！

美国有一位心理学家叫斯科特·派克，他曾说，"纪律是解决人生难题的最主要的工具，它有四点：不逞一时之强，承担责任，忠于真相，保持平衡。"青春年少之时，不懂得节制的我们也许会对此嗤之以鼻；时过境迁，当我们拥有了足够的岁月积淀之后，当铅锭一般沉甸甸的思绪堆在心头时，我们便恍然懂得了什么是真正的力量。

走 过

　　那一年的一个夜晚，我悄悄脱离了妈妈温暖的母体来到人间，带着对世界的恐惧和不安全感。出生时的光线是淡蓝色的，柔和又深情，这使我一生都不喜欢强烈的光芒。父亲是个性情古怪的学者，终日埋头书海，著书立说，大有"语不惊人死不休"的顽强精神。母亲与父亲趣味性情上差距很大，她温良优雅，是个作家。她还酷爱音乐、绘画等艺术。我整个童年时代，那个小鸟恋枝的年龄，就生活在这样一个为着各自的爱好独立追求、紧张忙碌的家庭里，格外孤单。我瘦弱且爱哭。父亲的慈爱表现为严厉，我有些惧怕他。小时候最幸福的事情就是跟着妈妈走街串巷，只要离开家，我就活蹦乱跳疯起来。我在母亲的万般珍爱、娇惯纵容与艺术的熏染下长大。

　　上小学时，我胆小、温顺却极富个性，很要强，学习成绩极好，被选为红小兵大队长。当时中国正值"文革"后期，学习没有出路。母亲为我找了老师开始学习音乐，学作曲和手风琴。从10岁开始我便追求成功。十来岁的小孩很容易崇拜谁，记得当时在我窄小的天地里我崇拜盛中国先生，我的音乐老师告诉我盛中国小时候一天练琴10小时。我曾多次默默在台下观看盛先生的独奏表演，他那时清秀潇洒，头发一甩一甩的。那甩头的姿势真让十二三岁的我发疯。我对妈妈说，我长大要成为音乐大师。

　　从我还未出生的1957年"反右"开始，家里就屡遭冲击，家庭气氛沉闷、压抑、冷清。父母关系的紧张使我深感自卑和忧郁。见到小伙伴的一家人围坐着呼噜呼噜喝稀粥，收音机里热热闹闹轰轰烈烈，里院与外院的邻居大嫂扯着嗓门隔着房屋聊（喊）大天，我真是羡慕极了。最令我神往不已的是在热情明朗的夏天里，小伙伴们可以在院子里跳整整一个夏天的皮筋，玩砍包、跳房子，而我却躲在阴暗冷清的房间里练琴，只能隔着竹帘子向外边望几眼。长大后我时常为此感到深深的遗憾。

整个中学时代我都是在这种孤独的自我追求中度过。我辞掉了莫名其妙被选上的各种"长"，为了有更多的时间练琴。当时的生命里只有两样：音乐和妈妈的爱。我的音乐老师都喜爱我，认为我"感觉出色"，"有天赋"。我在那一群想当音乐家的伙伴中遥遥领先。我爱那色彩纷呈、起伏多变的旋律，每天每天都在脑子里勾画世界。我眼里的世界是童话，有被太阳染热的温情、湿湿的绿树阴、光秃秃的荒原和蓝苍苍的海浪；有立着耳朵的忠诚的大狼狗、白矮星与小绿人的爱情；有折断的黄草、金属的月亮和失群的怪鸟；有魔鬼、死亡和乌黑的女式手枪。我渴望着不能令我满足的世界，越来越沉浸在远离现实的梦幻之中，在音乐里寻找着安慰。渐渐我离开了儿时伙伴们的群体欢乐。

我高考之前，父母的婚姻生活结束，我和妈妈离开了家，也离开了我的童年我的音乐我的说不清的孤寂与惆怅。那时候小小心灵里拥满莫名其妙的强烈自卑。这时，我的生活发生了一个很大的转折。忽一下，社会上卷起读书热潮，文凭热。我放弃了视之为生命的音乐，捧起了书本。由于近10年的音乐生涯，功课落下很多。尽管我拼尽力量弥补，高考还是以3分之差落榜。

18岁到20岁我在家待业，这一时期度过了我学生时代最为苦痛和迷惘的阶段。要发挥生命、要施展自己的欲望，驱使我再准备高考。可是，我天生不具备坐在桌前背书的本事，并对背书深恶痛绝，宁可用跑1000米来换背一页书。也是在这时候我开始阅读文学作品。与很多作家不同的是我很晚才接触文学，在这之前我几乎没读过什么文学作品。第一本小说是母亲念给我听的。当时我忙于功课，午休时躺在床上母亲就给我读小说。那本小说是雨果的《九三年》，我躺在床上静静地听。当母亲读到最后一章"太阳出来了!"西穆尔登把自己最亲爱的朋友和学生郭文送上断头台，刽子手的斧头滑下来在郭文的脖子上发出丑恶一响的瞬间，这时，一声明亮的枪响呼应了那斧子声，西穆尔登用一粒子弹洞穿了自己的心脏……我呜呜咽咽哭起来，泪水顺着我的脸颊滚落到枕巾上。这时候，我发现了一个新世界，我又找到了在音乐里感觉到的东西，我再一次找到了自己。在母亲的影响下，我发狂地读起小说来，一本接一本，那个时候自然读的全是世界名著。《简爱》、《傲慢与偏见》、《红楼梦》、《红与黑》、《安娜·卡列尼娜》、《小酒店》、《还乡》、《呼啸山庄》、《西游记》、《三国演义》等等很多，也是这个时候，我的作家梦诞生了。我从一发现这块美丽诱人的文学土地便全力执著地追求她，钟情于她，别无选择。我相信，假如不是命运令我冒冒失失跌入文学圣殿而抛弃我的音乐生涯，我也许会成为一名音乐家。那时候，高考的压力和读小说的狂热以及我那个年龄的极度敏感、情绪动荡，使我一度患上神经衰弱。

20 岁时，我考上北京一所大学中文系本科。大学期间我完全投入了吸引我的文学世界。我在同学中落落寡合、默默不语，散了课就往家跑，躲在书屋里品味着梦幻，在内心独自扮演各种真诚的角色，以弥补生活的空虚。我开始写诗，恬淡、温情又忧伤，吐不完的情怀，挥不尽的惆怅。有一次母亲外出开会，我独守着空落落的房间和心灵，孤寂难耐。半个月后，当母亲回家时我便成了"诗人"。我捧着一摞小诗，说：妈妈我写诗了。《书阁》这首小诗颇能反映我那一段的生活情调：

我的随风摇曳的小阁楼呵
是个神秘的天地
里面白花花的纸页上
洒满墨色的米粒

我是个先天不足的孩子
蹲在吱吱呀呀的木板上

用眼睛，倾听大地的喘息

古老地球的遥远记忆

天黑了，木窗子外

飘着淅淅沥沥的雨

黄昏的小凤，把我

带到亚马逊河流域

……

　　读名著的疯劲渐渐平缓，我又开始了读现代诗以及各种流派的现代主义小说和哲学。我从大学一年级开始发表诗。写诗热潮一发而不可收。我在大学里出了两本油印小诗，在同学老师中传阅。班里的同学认为我"才情过人，只是有点怪"。学校的老师也劝我多多参加集体活动。那时候，我的生命处于分裂状态。在公共场合腼腆沉默，回到自己的世界里才把积郁心中的无尽情怀倾洒诗中。我颇为"入戏"，我感动着自己，也感动着别人。我活在自己制造的氛围中，也在精神世界寻求诗中的情人。当我空空落落徒然而归时，便再一次把贫瘠与孤独抛至诗中，诗成了我平衡自己的手段。20岁至22岁，正是诗人的年龄，我在《诗刊》、《人民文学》、《北京文学》等刊物发表数十首诗，并在中国青年出版社出版的《青年诗选》里占了一席。

　　像大海里一朵美丽的浪花，诗人的我仅仅眨了几下眼睛就睡醒了，那朵漂亮的浪花很快便找到一个新的艺术形式展现。我从大学三年级（23岁）开始写小说，处女作《嘿，别那么丧气》发表在《青年文学》上，这给了我很大的鼓舞。我找到了一个比诗更能表现与施展自己的形式，极为兴奋。当时的文坛正是百花齐放最为活跃的时期，正是"一人一流派，各领风骚三五天"的热闹景象。我很快与活跃在文坛的几位青年作家们交往起来，可是不久我便感到与他们交往是件累人的事，他们没有生活里那些普通然而活生生的朋友那么来得自然。于是，我重新回归于自己的恬静、孤单而充实的艺术世界。我最初的文学创作还曾得到老一辈作家们的关怀和帮助，我对他们怀着敬意。这一时期，我在《人民文学》、《收获》、《当代》、《作家》、《北京文学》等全国多种大型刊物发表小说，并由作家出版社出版了我的第一本小说集《纸片儿》，有的篇目还被介绍翻译到国外。

第一篇评论我小说的文章刊登在《作家》杂志上，题目是《论一种现代的创作情绪——从陈染的小说谈开去》，令我震惊的是这位当时没见过面的中国文坛上实力雄厚热情敏锐的著名评论家能那么准确、敏感、深入地把握我那堆文字。我为这种理解与真挚深深感动。我将永远怀着无比的崇敬，感激他的支持、热情和友谊。

整个大学时代我都是在读书、写作的狂热中，同时又抵抗着书本里那些没用的东西。当有的老师讲到生动精到之处，我便兴奋得如坐针毡，崇敬备至；当有的老师把一些表面上道貌岸然实际上自欺欺人的破东西强加给我时，我便无声地把它们扔回去，甚至逃课，拒绝学习。我的成绩便跟着我忽高忽低地动荡。这种个性对于我成为一个老师眼里的好学生起了很大的妨碍。好在，我并不那么看重好学生。大学毕业后，有几所大学和杂志都表示欢迎我去工作。可遗憾的是我不喜欢这些定时定点规规矩矩的束缚人的工作，我喜欢自己支配自己，也不在乎"名声"。母亲自然是从我的前途着想，对于我的不按常规的思想和行为很发愁。像所有的人一样，除了拥有丰富充实的精神生活外，我也需要起码的物质保障。我不能没有职业，当个流浪小说家是养不了了自己的。由于我在文学上的初步成绩和老师们的帮助，我被留在大学里教授文学写作，职业于我而言是一种生存的手段。学校里的一些沿袭传统的迂腐陈旧的观念令我压抑，我无法抗拒又不愿趋附。于是，便戴上面具，既满足了别人，又保持了自己。尽管我天性怯懦，但性格里针针刺刺却很多。朋友们有时叫我"小驴"，温顺起来柔情无比，但若尥起蹶子来也够人受的。我拒绝接受一切强加给我的我不赞同的告诫。

这时，我已经被认为是文坛里最为年轻的青年作家了，并且在社会上和文学圈子里有一定影响。可是，我忽然发现一件事：从我童年的音乐大师梦到后来的作家梦，我活得多么孤独和压抑呀！这并不是我已经满足现有的一些成绩，我对自己、对世界永远有所追求。然而，我开始思考和看重生活本身了。梦必须做，但生活、友谊、爱情、智慧与成功相比，同等重要，甚至更有意义和价值。我发现我在梦里生活得太久了，在那个角落我简直成了一个孤独的隐居者，沉湎于自己的心灵生活。现在，我多么渴求生活里温情深挚活生生的东西！这个发现对于我是个不小的飞跃。我从来都喜欢自己改变自己，不断地发现、改变自己与外界，才有意义。我开始发挥潜藏在生命里的那些美丽的天性，我画画，制作千姿百态的丑布娃娃，用粗彩线在麻垫上缝出图案，我异想天开制造着童话也制造着自己，我放开生命。有个中央美院的朋友见了我的制作便幽默地说他得改行了。生活里，我真正的朋友并不多，也许我天生就是那种不善多交却能与个别朋友诚笃至深的类型。我始终对友谊和爱情有一种玩命和献身精神，由于这个特点，我也容易受到伤害。

我仍然爱着读书，读书方法仍然是自己选择，不强迫自己，也爱把自己喜爱的书推荐给朋友们。除了文学，我感兴趣于中国古典哲学、宗教与中医学，也感兴趣于西方精神分析学与现代主义哲学，感兴趣于超自然界、宗教以及边缘科学。

我25岁时，参加了大学讲师团，到北京远郊的一个农村支教，农村的生活、情调和风光使我感到远离尘嚣的清寂与淡泊。在这儿，我接触了很多农村孩子，也结识了那种拥有生活里最为平凡朴实的智慧的朋友，这使我发现书本里的哲学有时显得多么苍白无力。我更加感觉到最为深刻最为智慧的哲学和人生态度正是最简单、最轻松的。这个发现，几乎使我想丢弃以往的那种累人叫劲的朋友——萨特们海明威们，成为我那一段时期的生活和创作态度。

关键是生命的每一个阶段都不要空白掉，无论当作家还是做情人，无论阳春白雪还是两手空空的流浪汉，无论去生还是去死，我都同样喜爱。

从农村支教回到家，我继续在大学教书。很快，我又远离故土，开始人生旅途的又一行程。直到再回北京，我才算从青春急匆匆的步伐中稳重起来。

青春的岁月
我们身不由己

大学毕业后我在北京的一所大学教授文学写作，每个星期只有半天课，其它时间就全部躲在家里。在课堂上，面对着几十名比我小不了几岁的男女学生，望着那些对我充满了喜爱和信赖的眼睛，总是不忍心用几十年一成不变的老套课本去敷衍，用某种自己从来不相信的文艺理论和写作技巧去蒙骗他们。我告诉他们：永远不要迷信权威，从现在就立志并且相信你自己就是将来的权威，你需要做的只是不断地推翻你自己然后再进一步学习并重建你自己。这当然具有怀疑主义倾向。但很不幸我从学生时代就对许多人生的重大问题具有这种倾向，我的整个青春充满着一个怀疑主义者的目光，如同处于黎明之前的迷雾之中。

我无法让自己"纯朴"，因为生活的谎言是如此之多。我的人生经验并不多，但心理经验和阅读经验应该积淀得不算少。每当我把自己独处时的所思所感所为之动情者真诚地掏给学生之后，在他们回报我的真诚的掌声中独自回到家的时候，我就在想，一个星期有 14 个半天，一个半天送给学生换来吃饭的钱，余下 13 个半天怎么过呢？

每天早晨 9 点钟起床，收拾，吃东西，10 点钟的时候我便被一种惯性或魔力拉到写字桌前坐下，或坐在书柜包围之中的沙发里读书、写作、冥想，眼前伸手可及的地方伴着我的是一杯醇香的绿茶。除了我按照自身所形成的良好的生理周期去卫生间用厕所，一天里大部分时光我便一直沉溺在自己制造的氛围中过这种智力生活或叫做心灵生活。中午 13 点钟左右我进入最佳竞技状态，这就使得我单纯的精神生活无能为力地归属于某一种命运之中。到下午4点钟左右停止。然后便走到街上去买几份小报，看看服装和食品，静静地漫步。黑夜来临之后，我开始进入第二次的这种智力生活，一直到万籁静寂的深夜。那时，家中还没有安装电话，各种名目的采访或骚扰极少。时常有人不约而至，我便狠心地同时又胆怯地躲在房间里不作声响，硬撑着不去开门，一直坚持到门外的人以为家中无人，留下纸条离开，才舒一口气。这当然是很多年以前的境况了。

这种自我囚禁的日子持续了好几年，我便觉得受不了，特别是夜阑人静、星若炭火的夏夜，蓝苍苍的天宇罩在头顶，茫茫黑暗从四面八方压迫着我的肢体和心灵。走出"城堡"这个念头涌来了，涌来了便不可收拾。我知道我天性中血液里正涌流着某种躁动，它使我不安，使我要改变以往的一切。"喜新厌旧"这个词在许多领域我并不觉得它含有贬义。于是，我便走了，脱离了以往一切的惯性轨道，且为之投入了无比的热情。

接下来的一些年里我不住地奔波，走了一些国家，还到了中国的乡村和山区，这与所谓的洋插队或真插队完全无关，我既不属于那个年代，也对跟从潮流毫无兴趣。我只是深切地渴望摆脱自己在"城堡"里营构的一切。外面的世界每一天都以最大的密度向我涌来，我那凭借多年的书本经验、局部经验营建起来的价值观和对于人的认识，不断地接受真实世界的洗礼和冲击。我看到被人们作为一种精神来讴歌的老黄牛，在乡村的田间，是多么的老谋深算、诡计多端、懒惰狡诈；而在山林里，我看到的却是一只天性懦弱本性善良的狼，它很偶然地丧失了它的凶猛残暴的同类们的特征；我看到在繁华的都市中空洞的热烈和平淡中的深情；看到人流里最温情深沉的笑容转瞬之间便滑落成残酷淡漠的旁观者的冷笑；我看到了"爱情商人"以及"爱情收藏家"的聪明经营，看到了失败者的尊严和成功者的凄凉……看到许多许多。

感谢生活不断地给我机会去懂得我身处其中的世界。

同时，我还发现有些本初的意愿并不总是和结局相符合，这使我不断地充满怀旧情绪。比如，我每到一个地方，总是要制造一个与我在自己家里感觉一样的"城堡"，那里要拥有许多书和一杯绿茶（花茶或红茶就立刻失去感觉）。我甚至把从家中带出来的一些音乐不停地重复地播放，以寻求家的感觉，"城堡"的感觉；我甚至换用另外的钢笔或稿纸便无法使写作顺利进行（那时候电脑还未普及）。有时候，喧闹的人流与交往使我感到应酬的虚伪和心力的紧张倦累，繁多的琐事使我感到内心虚空。朋友间彼此的疏远或背叛当然已使我不足为奇，但看到美好珍贵的情义也一样在功利面前孱弱得不堪一击的时候，我仍不免感到心寒。感叹于此，便领悟出那句"我认识的人越多，我越是喜欢狗"这句偏颇之喻的道理。

我仍然感谢生活不断地向我罄其所有。我需要安静下来反省这一切了。于是，我跑回了自己的出生地北京，重返以往的轨道，感触自然纷纷扬扬。这一切当然不是一场简单的循环往复。有时候，下雨或者要下雨的日子，望望外面的天空，光秃秃的一片无言的灰蓝色，时光好像从没有留下什么痕迹。这时我心里便熟练地掠过一些感觉和感悟。再翻开电话簿，上边密密麻麻的都是一张张脸孔，每一张脸孔都是一段回忆，一种情感，一节历史。我的目光在那上边踌躇地一一掠过去，由于各种因素，我的目光游移着没有哪个号码使我感到可以停下来倾诉。我发现电话簿多么像此刻空荡荡的天空……

尽管如此，我仍然觉得岁月给了我另外一种内在的充盈与安宁。因为我慢慢学会了安于这一切。

许多年过去了，转来转去，我发现自己其实是一个"家居动物"，发现我其实并不想摆脱那种被称之为"孤独"的东西，而是那样地喜欢与它相依相伴，那样刻骨铭心地依赖它。由于它的存在，才使得人的智力生活或精神生活得以进行。

所谓成长

我亲眼目睹自己是如何被现实改造的。

有时，当我回头阅读自己从前的书时，便惊诧地看到了那个熟悉的女孩——敏捷、激动、叛逆、忧郁、才思涌动、心高气傲，她与现在的我已是那样的遥远。

那个女孩是何等幸福啊——她敢孤独无助特立独行，她敢与众不同棱棱角角，她还敢不喜欢钱，敢不要职业，敢要死要活地执著于自己的方式，她居然还敢身体不健康不爱惜自己，敢抑郁厌世，她甚至敢设想自杀一走了之……一株枯草，一片青瓦，一截幽径，一声凄清的吆喝，都使她感怀神伤。

而现在呢，我已经慢慢地一天又一天地失去了这些权力。说"失去了这些权力"实在是美化自己。

心里的滋味难以言说。

就说每周上班的路上，原来走在那条喧哗涌动的早晨的街上，在我的视野里仿佛是静寂无人的，能够进入眼帘的都是那些从庸常的平凡的景物人流中"升华"到形而上层面的事物——我看到冷冬里一株沉郁枯索的秃树，四季的轮回更迭命运一般罩在它头上，这株秃树似乎与人、与我就有了某种纠缠不去的关联——冬天来了，它的盛势已去，往日的浓郁茂密以及它那在暖风中目中无人的欢叫声，都已成为回忆，来年的再绿也不再是逝去的那个绿了，一切是那样的无可奈何一逝不返……这时，对于这株皲裂凋败的秃树的一带而过的凝视，便不由自主地进入了人生的问题。

有时，我会看到身边的一辆婴儿车上的小孩儿，豁着牙朝着与他交错而过的另一辆婴儿车上的小孩儿会心地笑，两个小孩都挥动起小手咿咿呀呀叫。两辆车已经交错而过了，他们便都扭过小脑袋相互不舍地张望、伸手，显然他们是格外想发展一下这路遇的友情的，但是年轻的爸爸妈妈却坚毅地把他们向着相反的方向推走了，其中一个孩子一边哭着一边使劲回身向远去的另一个孩子眺望，大人扭过宝宝的头，说，我们玩去喽。显然，大人们是相互戒备不信任的。我看着这个小孩儿腮边大颗清纯的泪珠和失望的神情，就想起"成长"这个语词，年轻的爸爸妈妈们肯定是"成长"了，可是"成长"意味着什么呢？

　　那时候，其实也就是几年前，一点小事我就会想一路，而且是决不用什么自我"提升"或者自我"煽动"的，完全是自然而然的联想。往往是走出去很远，眼睛里依然是那一株处于悲观季节里的秃树，或者是那个小孩子被成年的父母轻易"扼杀"了童贞情谊的悲伤。这种专注而密集的联想往往伴随我整整一路。直到走进单位大楼，遇到迎面而来的打招呼的同事，这种"沉浸"方才忽然中断、猛醒，知道脑子里的线路该切换频道了。那时，我在办公室这一真实的人际空间中，总是呆头呆脑，看不出任何潜藏在人们风平浪静的脸孔之下微妙而复杂的人际关系，更不懂得现实的很多问题其实只是人际的问题。所以，我在单位的处境是可以想象的。

　　这暂且搁下，还是回到那条喧哗涌动的早晨的街上。现在，我依然在这条街上走，脑子里也依然堆满密集的思维，但想的却是另外的事情了：到办公室后要做的一二三四五……抽空得去趟医院，胃药马上吃完了，还是首先得把身体弄好……要和那个老×谈一谈，真是太黑暗了，否则怎么生活呢……一个人没有足够的钱就不要想"自由"，也不要腰杆挺直地想要"尊严"，没有这个前提而奢望"自由"和"尊严"，是要为此付出生活的代价的（这里的自由和尊严当然是相对而言的）……

　　现在，我经常提醒自己的一句话是：生活本身才是最为重要的。这是多么堂而皇之的自我安慰啊！给"苟且"的日子找到一条最结实最合理的依据。细想这句话，"生活"指什么？无非是把日子填满的那些琐事，上班、下班、家务、买菜、烧饭、逛街、看电视、尽家庭角色之义务、保持良好社会关系的拉拉扯扯等等。这些事已经足以把一个人一天的时间占得很满很满，倘若把这些都做好，那么整个人无疑是要被这庞大的现实彻底吞噬掉了。

总是挣扎着要回到原来的状态——从繁忙的生活浮面进入一种"精神深度"。我是那样地怀念过去的那个走在喧哗涌动的早晨的街上旁若无人、浮想联翩、没有现实感的女孩。

这样一想，焦虑的情绪便覆盖了我的日常生活，这是多么糟糕的局面啊。

其实，我是知道自己适宜的位置的，也知道要为此付出什么样的代价。

渐行渐远

多年之前的某一个清晨，天气已凉，我去出版社的路上，秋风打透毛衣浸在肌肤上，感到一阵阵寒气。我骑着脚踏车，机械而重复地转动，神思却随着向前滚动的车轮往回倒转——那时，我从澳洲返回北京已经三年了，三年来我在这条路上无数次往返，街景和路边的树木、草丛、商店我已经熟悉得对它们视而不见、麻木不仁。在我的肢体安于我所熟悉的街区的同时，我的心却那么不安分地寻找着新奇，并且一而再、再而三地做着这种徒劳的努力。我的双脚几乎是不由自主地拒绝我的过于冷峻、自省的理智，本能地寻找着什么。

从我家到出版社只有 10 分钟路程，我的思路来不及在任何一个点上延伸进去，腿已经迈进编辑部四敞大开的房门。我的脸上随即也换上一种身置公共场所的那样一种千篇一律的礼貌、平庸，把自己思想里任何一个小角落的与众不同、格格不入全都掩埋起来。平庸（不等于平凡）的人群里不能容忍不平庸。不平庸就是骄傲，而骄傲的人总是要受到指责的。早在 19 世纪叔本华就说过：只有自己没有足以自傲之物的人才会贬损"骄傲"这种品德。当谦虚成为公认的好品德时，无疑世上的庸人就占了很大便宜，因为每个人都谦虚，世人便都类似了，这是何样的平等啊！

我早已懂得，外部生活与内心生活是两种截然不同的生活方式。

那天，编辑部里正在传阅《联合报》，当报纸上的文字刺目地闯入我的眼帘时，我一下子被震得哑口无言目瞪口呆——中国大陆朦胧派诗人顾城在新西兰奥克兰市威赫克岛上用斧头砍死自己的妻子谢烨，然后在门前的树上自缢身亡。报纸的大标题下边是一幅顾城的照片，他头戴一顶白布帽，神情

| 谁掠夺了我们的脸

是他惯有的那种忧郁，让人看了仿佛是他自己正在给自己祭奠。那照片上的眼睛一如几年前我见到的一样，黑大而茫然，我仿佛看见他那双很大的眼睛忽闪忽闪，纤纤的瘦手指固执地比划着他脑子里的那些怪念头。这形象无论如何无法和报纸上的文字对应起来。那文字好像蓄有强大的电荷，几次都把我落在上面的目光击开，使我无法与之对视。

这血腥而疯狂的结局是所有的人都始料不及的。但我除了震惊却无一句话可说。死了就是死了，他这样选择了结局就是这样的选择！我不想对此评头品足。若是我，也许会找个没人地方，谁也不打扰，谁也不伤害，自己解决了自己。也许，只对最亲密的人说一声：就当我出远门了。然后离开，非常简单。

死亡这个词藻，在我的心目中，从来不是一种话题，不是一个可以想象的事物，它只是一个不轻易去碰的到此为止的黑色行为。也许是我过于珍视这个字眼的庄严，所以我在以往和任何公众的交谈中，一向对此缄口不言。回想起来，只在最亲密的人面前，在绝望不堪的软弱之时，曾流露过谈论这个词的念头。

有一天，在餐桌上，我并不感到饿，也并不感到咀嚼的香甜，但仍然麻木而惯性地吃着。正是深秋的傍晚，房间里的暖气还没有来，餐桌上的那盏小灯昏昏沉沉，时间仿佛凝固一般，我的脑子却活跃地转动。桌上的食物很快就凉了，狼藉凌乱。我想，人生不过如此，到最后不过就像这桌残羹剩饭，乏味而无所欲望。

风风雨雨几十年，对于人世间的任何一种分别（死亡只是各种各样的分别里的一种形式）都已不再有早年那种"我拒绝接受这个事实"的大呼小叫。再见就再见，永别就永别！没有什么是可以永恒不变的。

就在那天的晚饭桌上，望着一桌渐渐冷却的餐食，脑子里闪电般胡思乱想着。忽然，我对着母亲说："再过两小时就要被枪毙，如果是这样，这两个小时您准备做什么？"

母亲先是一愣，然后慢慢转过神来，"神经病！"她说。

我说："想想总可以吧。"

果然，母亲就认真地想起来。

"那么，是枪毙我还是枪毙你？还是两个都枪毙？"她问。

"我只是一种抽象的说法，别那么具体。"我说。

"不具体怎么想呢？"

"那好。比如，就枪毙我吧。"

我说着，心里已经迅速地周转起来：有两三个长电话要打、有两三个文件要写、关于我的书稿文字的版权和属于我私人的遗产、以及告别等等。

母亲想了一会儿，终于开口：你为什么会做这种设想?！

我意识到问题严重，改口说，我只是随便一说。

但我知道这是不可以"随便一说"的。这个问题对我来讲是这样：死，是对爱我的人的一种背叛。我不知道我能否有一天，冷酷地面对最亲密的人说出：我只是我自己的！

尽管我一向喜欢探索一切不可能的和禁忌的事物，爱好古今中外的怀疑主义哲学和离经叛道的学说，尽管自取死亡这个黑色行为本身就是一种哲学，但我从来不把它仅仅视为哲学问题，也缺乏对它更深入的探索。因为探索再向前迈进一步，那么任何结论都将由于死亡而中断、而消逝。

死去的已经死去，我怀念他们！而生活，还要继续。

死，在某个层面上，起码是对平庸哲学的叛逆；死，是一种否定行为，这种否定于某一类人来讲，我以为正是对生命的渴望，尽管这样说是有悖逻辑的；死，还是一种艺术的极端，用结束来实现这种极端，那么在实现的同时又会全部丧失，这是矛盾的、悖论的，同时又是悲壮的、惨痛的。

几年来，在故去的人群里，有我曾经喜爱过的人，我就当他们出远门了。

当然，也有一种因为出远门而背离了我们情感的人，那么我只好就当他们去了。

平庸呢？我以为也是一种出远门——是一种精神的远离。

　谁掠夺了我们的脸

色调的哲学

　　有一句话说，年龄愈大就愈能懂得灰色的价值。这里，当然不是指外在的颜色，而更多是指人的思想方法之类的一种为人处世的基调。

　　用颜色来阐释生命的基调纯粹是感觉化的比拟，而不是科学的界定。

　　我二十多岁时喜欢黑色，那种决然的黑色。那时，正是偏执叛逆又多愁善感的年龄，一棵冷冬里荒凉的秃树，也会使我感怀神伤，想到生命的消逝与死亡的气息。它是一株树，但它又不是一株树，它和我们的生命有着息息相关的蓬勃与陨落、生机与凋敝的联系。同样，有时走着走着路，忽然遇到一截此路不通的幽径，也会使人感到人生到处都可能遭逢屏障，遇到埋伏着的陷阱，存在着让你走不通的死胡同。还有时候，我们和一个貌似有知识的熟人说话，我们述说了一个想法，然后他或她便附之以拼命的点头，并接过话茬表示理解，还按捺不住地深入阐发我们的意图，可糟糕的是，他理解的和表达的与我们的意图完全相反，这种时候，我们就会觉得荒唐无比，甚至会扩展到普遍的人际关系，觉得这种泛泛的人际间的纽带简直就是一根多余的枷锁。

　　那个年龄，我头脑里的颜色是黑色的。黑色是一种冷，一种排斥，一种绝对；黑色甚至是否定，是拒绝，是抗议；它体现的是一种不同流、不睦群、不妥协以及愤世嫉俗的反骨和叛逆。黑是怀疑论者的眼神，是——我不相信，是没有退路的脚步，是对世界的敌视，是敢于伸向死亡的手臂。说到底，黑，是青春的颜色！

　　走过了青春，便再也没有权力执迷于绝对的黑色了。

现在，灰色成了我喜欢的一种生命颜色。

灰比黑隐蔽一些，内敛一些，朦胧一些，低调一些，不像黑色那么硬，那么鲜明刺眼。灰色更有弹性，它是退一步海阔天空。但灰色决不是灰心丧气，悲观失望，它甚至比黑色更具有潜在的力量。

灰色是什么？

灰色就是即使你不理解一件事，但也客观地觉得它不一定没有道理；灰色是不再年轻气盛、放纵恣肆地随便说话，甚至连眼睛和脸孔都不轻易泄露你的意图；灰色是越来越深地埋藏了个性，埋藏了表情，甚至干脆没有了脸庞，你让你的脸长在了心里；灰色是你真实的心理有时比你的外表孩子气，你趁人不备偷吃甜食的次数比想象的还要多，你暗自练习与想象中的妙龄女郎蹁跹共舞，你有时简直就是个不听话的淘气鬼；灰色是尽管人生如梦不免悲观、不免晚景凄凉，但是力求活着的时候与命运和解，你依然有快乐的勇气；灰色是面临大的不公平时，那些小的不公平简直就是恩赐；灰色是在危机四伏的灾难面前，泰然处之的幽默；灰色是尽管如此，依然对生活说是；灰色是恪守自己的同时，微笑着与对方握手言欢，甚至向你的"敌人"致敬；灰色是在险境中依然坚定，但并不急着赴汤蹈火，消灭自己，而是以守为进，迂回向前……

灰色就是不动声色，是包容大度，是一笑了之……

如果你被人误解了，能解释就解释，不能解释就不解释，日子还长，即使去日无多也不必惊慌，死不是结局，生命消失了理解依然继续，有些理解就是来得姗姗，来得遥远；你和家人为鸡毛蒜皮的小事争执起来了，你最好把架吵得短一点，如果不能很快和解，那就尽快离开现场，也不要忙着找人倾诉衷肠，赶快钻进大商城，把平日没舍得买的东西买下来，花钱慰劳自己有利于心情平静，然后你就会觉得其实天下太平，觉得没有矛盾的家才是不正常的；你去邮局取稿费，排了半天队好不容易前边就一个人了，可是他偏偏要汇款几万元，邮局人员要在验钞机下一张一张清点，还要用电脑处理他的一百多张汇单，若是十年前你准是掉头就走了，可现在你不着急，你拿出刚刚买的一本什么书正好从头到尾翻一遍，回到家正好免了做饭赶上吃饭；你的同事在单位的一场错综复杂的人际纠纷中，脚跟迅速地站到势力的一边去了，你不必恼火，恼火是世界上最无力的东西，你要想他不站在势力的一边他接下来那现实的路怎么走，很多时候势力的方向就是他的方向，也许，他心里还有另外一个后脚跟；朋友意外去世了，一些搁置半截的事情无法挽回，他的眼睛不再专注地望着你，他的嘴唇亦不再对你说话，你心里不相信，但是，你要相信他正在告诉你最后一件事——一个人怎么好好活……

这就是灰色。

没有人生来就是灰色的，是时间和经验把人打磨成灰色。

人不到一定的（心理）年龄，不会体味灰色的价值。

当然，说的和做的往往有很大距离，说得好听却难以做到，对我来说是常有之事。这里权当是劝说自己吧。

能否与自己和解

　　早晨一醒来，窗外就淅淅沥沥下着雨，薄薄的水雾含情脉脉地融成一片。我起床站在窗边向外望去，光滑如镜的黑色路面闪闪发亮，向远处延伸着，一辆辆来往穿梭的汽车都性急地吞噬着道路，急速地向着远方的某个目的地飞奔滑动。铅色的天空压得很低，沉甸甸的使人不免心事重重，一些徘徊不去的问题，便断断连连地在雨幕中来到脑子里——我在想，每个人也许都有自己的精神困境，是别人无法替代解决的，到底要如何面对？

　　信手从书柜里翻找几本旧书来看，依然觉得比起今日书店里的新书可读。《伍尔芙日记选》又落入我的手中。这位 20 世纪上半叶勤奋且多产的作家似乎没有更多地遭受创作空虚的困扰，她的苦痛在别处，那就是"生活为什么总是像在悬崖边羊肠小道上的感觉？"她始终走不出这个困境。终于在一天早上独自离家，在一条叫作罗德美尔河中结束了自己的生命，也结束了她的终极的苦痛。

　　我想起张爱玲的结局，想她为什么没有像伍尔芙那样选择结束自己，而是等待生命结局的自然来临。张爱玲的晚年孤独寂寞，身边没有一个亲人，她甚至不和任何一个熟人朋友往来，一口气关了几十年的门，闭门锁居，与世隔绝，肯定有她说不出的苦楚，有她无法超越的困境。只不过她没有像伍尔芙那样说出来，而是把那些密封在心中，同着死亡一起带走了，世人无从知晓。她的晚年几乎没有写作，我相信她同样有一个巨大的"结"，而她到死也没有说出来，真令人心痛！

　　1972 年获诺贝尔奖的川端康成在获奖两年后自杀了，据说，除了三岛由纪夫的自杀对他造成的打击外，他自身的生活也充满了无法规避的虚无感和死亡的宿命感，平时他的情绪异常波动，完全依靠安眠药过日子，即使写作也要依靠药物制造一种幻觉，离开药物他几乎无法生活，无法写作。这种情景对于视写作为生命的川端康成来说，创作力的衰竭即是生命力的衰竭，他无法摆脱这个困境。他曾说，"我什么时候能毅然自杀呢"，可见他内心的挣扎之苦。最后，他终于在盥洗室里口含煤气管自尽，结束了生的痛苦。

再看一百年前的梭罗，他一生与孤独结伴，他认为没有比孤独更好的伴侣了。1845 年的一天，他单身只影拿了一柄斧头，跑进了无人居住的瓦尔登湖边的山林中，独居两年后才回到康城。他曾说，他要逃避的是现在。后来他死于肺病，留下了 39 本寂寞的日记。他一口气记了 25 年的日记，一个人要承受多大的孤独才能 25 年如一日地对着纸张倾吐自己的思想和心绪啊。

显然，他们都是面临人生的某种困境的。伍尔芙和川端康成用自杀来解脱肯定需要巨大的勇气；但是，我觉得张爱玲和梭罗的对生命的坚持，则需要更加巨大的勇气，因为后者敢于放弃什么、放弃之后依然能够活下去。

我的思路停留在这些人物上，徘徊不去。多么想从前人的身上省悟一些什么，寻到并超越一些什么。

我曾经说过要与生活和解，说到底就是与自己和解。然而，这对某些人来说并非易事——那是放弃什么之后，依然有生的勇气，有快乐的勇气，这也许是更高一层的境界吧。

我觉得头发有些长了，似乎没了型，于是打算出去走走，然后去发廊修整头发，也许潜意识中是想通过整理头发抵达思想的明晰吧。

记忆比笔墨更深远

打开笔记，觉得其实没有什么非得记录下来。那些密密麻麻的字如同一滴滴脆弱的水珠，不小心掉在地上就破碎消逝了。甚至，连一声真实的叫喊，都可以把它们震碎。

日子依旧涓涓流淌而过，生活依旧起起浮浮发生着，人物关系也依旧在身前身后缠连不清，却已没有了早年动辄产生的那一种"原来如此"的惊叹，消失了那时候波澜不已的内心惊诧。似乎什么都变得可以理解，什么都变得自有它的道理。眼前一闪而过的密集的事物影像，经脑子里的那个过滤器的筛选之后，几乎全部变成了不值一提的渣滓。

所有的探讨，似乎只是兜圈子，仿佛随风环绕的尘埃，散乱难辨。

生活就是如此，而思考是靠不住的。

手指闲散地垂落到膝上——还是喝点酒吧。

人大约到了这个境地，便懂得了，大通透者必是少发"高见"之人。

但是，倘若你是一个作家，你必须不停地写作的话，那就有点像一个已经绝育但又必须不停地生子的人。

不说也罢。

年龄越大，我的话将越少。

文字终归也会像岁月一样消失，记忆比笔墨更深远。

我与物

我经常提醒自己不要相信世上存在蓝天一般单纯而澄澈的情谊，因为蓝天是够不着的。当一个人悬空触摸蓝天的时候，那肯定不是脚踏实地，只是一场虚幻而已。

我从不为自己怕风而惭愧，因为它是一头凶悍的怪兽，趴在冷冬的窗户上声嘶力竭地嚎叫，连所有树干上的绿色都不得不向它脱冠致意。但是，我不愿容忍自己惧怕某人像风一般的粗暴。

我们的动物兄弟

有一些细节常常使我过目不忘，且难以释怀。一个如我这般懂得现实的无奈与残酷的成年人，抓住这类细节不撒手，似乎有矫情之嫌。但是，它确确实实是一种隐痛和矛盾。

让我们体会一下下面这个片段：

......

> 然后，刀子插进去了。仆人稍稍推了两下，让刀子穿透皮肤，长长的刀刃似乎在插进去时熔化了，只剩下刀把斜插在它肥肥的脖子上。起初，这头公猪毫无察觉，它躺了几秒钟，思考了一会儿。噢！它突然明白过来了，有人要杀它，于是震耳欲聋地叫起来，直到再也叫不出来。
>
> （哈姆生《大地的果实》）

记得读到这段文字的时候，我心里非常难受，眼睛里盈满泪水。我放下书什么也看不下去了。然后，把我家的爱犬三三搂在怀里，它长长的无言地凝视着我，与我心领神会，我自说自话一般冲着它表了一通决心、抒了一通情。三三在我心中已然成为了全天下所有无辜无助的让我心痛的动物的替代。再然后，我在心里很不现实地默想，猪肉以后不要再吃了。

第二天正好有个朋友聚会。一坐上餐桌，我就抑制不住地向在坐的几位朋友复述关于杀猪的这一段文字，并很动情地诉说猪是如何如何的善良、聪明与无辜，说我们人类没有任何理由在万物面前强权与优越！我的筷子也本能地绕开桌上的猪肉。大家也感叹着，叹叹气说，这个世界弱肉强食、物竞天择、适者生存，没有办法，想得太多我们自己就没法活了。我自然也是懂得这个现实世界的游戏规则的。这样的话说多了未免显得矫情，于是，就绕开这个话题跟着大家云山雾罩说别的去了。

待聚餐结束的时候，我已经把猪的事情给忘了，不知不觉中是否吃了几块猪肉也已不记得。直到离座时，我忽然又想起猪的命运，心里一阵深深的无奈和自责！

海斯密斯在小说《水龟》中也有一个细节：一个年轻的母亲把一只活龟带回家，她想用它为八岁的儿子做一道菜。倘若把这道菜做得味道鲜美，就必须把龟活煮……这位母亲当着儿子的面，把活龟扔进沸水之中，并且盖上了锅盖。那只濒死的龟拼命爬上锅沿，抓住锅边，并用头顶起锅盖，向外边乞求地看着，这个男孩看到了垂死的龟对人类绝望而无助的凝视……

这只龟绝望乞求的凝视，强烈刺痛了男孩儿，在他妈妈用锅盖把龟推回沸水之前的片刻，这一瞬间构成了男孩儿终生的创伤性记忆……

我不想在此转述接下来发生在男孩儿与母亲之间的惨剧。我只想在男孩儿瞥见那只绝望乞求的水龟的眼神这里停住——那只龟无助的眼神为什么只对八岁的男孩儿构成内心的刺痛？而作为他母亲的成年人却无视那只龟抓住锅边、探出头、用眼神向我们人类发出的最后的哀号？难道我们这些老于世故的成年人就应该丧失对于那种"眼神"的敏感吗？难道我们成年人就应该对其他生命麻木得如此无动于衷吗？

同时，假若男孩儿的母亲忽发悲怜恻隐之心，那么接下来这锅沸水以及沸水之中尚在奄奄一息的龟，将是如何处置？这残局将是如何收场？

那恐怕就是另外一个故事了。

另一个细节发生在高尔泰的《寻找家园》中。

大约半个世纪前的大饥荒年代，有一次他和同伴们在深山野林里觅食狩猎，经过千辛万苦他们终于打中了一只羊。他走上前，看到：

　　"它昂着稚气的头，雪白的大耳朵一动不动，瞪着惊奇、明亮而天真的大眼睛望着我，如同一个健康的婴儿。我也看着它，觉得它的眼睛里，闪抖着一种我能理解的光，刹那间似曾相识。慢慢地，它昂着的头往旁边倾斜过去，突然砰的一声倒在地上了。它动了动，像是要起来，但又放弃了这个想法。肚皮一起一伏，鼻孔一张一翕。严寒中喷出团团白气，把沙土和草叶纷纷吹了起来，落在鼻孔附近的地上和它的脸上。我坐下来。不料这个动作竟把它吓的迅速地昂起头，猛烈地扭动着身躯……"

　　高尔泰内心痛苦地看着它。

　　可是，接下来怎么办呢？

　　同样一个恼人的问题摆在我们面前。

　　我不知道。

　　我不知道我们人类在对我们的动物兄弟们肆意杀戮、换得盘中餐之时，我们除了隐痛、自责之外，我们还能怎么办？

　　尼采曾在街上失控地抱着一匹马的头痛哭，他亲吻着马头哭道：我苦难的兄弟！尼采被送进了疯人院，而所有无视马的眼神、马的命运甚至虐待马的人们，都被作为正常人留下来享受着现实。我万分地理解尼采的这一种痛苦。

　　我忘记了是哪一位欧洲的哲学家，他曾每天到博物馆看望一只聪明的黑猩猩，他简直被关在铁笼子里的这只黑猩猩吸引住了。有一天，他在笼子外边久久凝视着它，黑猩猩也同样用大大的无辜的眼睛望着他。快到关门的时候了，哲学家仿佛自言自语般地低声说：亲爱的，你真迷人！你眼中所散发的孤独是那样的深沉，让我们自惭形秽……再会，亲爱的，我再来看你！

　　我想，哲学家和黑猩猩一定从相互深切的凝视中读懂了对方，他们探讨的话题一定是：生命的孤独与万物的平等。

草会口渴、鱼会疼痛、羊会流泪、狗会想念……我们人类既然比它们"高级"，那么我们将如何表现我们作为高级动物的"高级"和"文明"？我们的成熟一定意味着对生态界弱小者的麻木和漠视吗？对于现实世界的认知一定要以把我们自身变得残酷为代价吗？倘若它们来到这个世间的使命，就是为了不平等地变成人类的腹中餐，那么我们能否怀着悲怜、怀着对弱者的同情，让它们活得有点尊严、死得觉着幸福呢？

这是一个脱离现实的问题，但是，这个不现实的问题要成为一个问题。

城市的弃儿

不知不觉又是夏天了。仿佛是柔和晴朗的细风忽然之间把全身的血脉吹拂开来。我是在傍晚的斜阳之下，一低头，猛然间发现胳臂上众多的蓝色的血管，如同一条条欢畅的小河，清晰地凸起，蜿蜒在皮肤上。

夏天的傍晚总是令我惬意，在屋里关闭了一整天的我，每每这个时辰会悠闲地走到布满绿荫的街道上。我一会儿望望涌动的车流，一会儿又望望归家心切的人们在货摊上的讨价还价。我的脚步在夕阳照耀下瞬息万变的光影中漫无目的地移动。

一只猫忽然挡住了我的去路。这是一只骨瘦如柴的流浪猫，它扬起脏脏的小脸用力冲我叫。我站住，环顾四周，发现这里有个小自行车铺，过来往去的人们司空见惯地从它身旁走过，没人驻足。而这只猫似乎从众多的人流里单单抓住了我，冲我乞求地叫个不停。

我觉得它一定是渴了，在要水喝。于是，我在路边的冷饮店给它买了一瓶矿泉水，又颇费周折地寻来一只盒子当容器，给它倒了一盒水。猫咪俯身轻描淡写地喝了几口水，又抬起头冲着我叫。我又想它可能是饿了，就飞快跑到马路对面一个小食品店买来肉肠，用手掰碎放在盒子里，它埋头吃着，吃得如同一只小推土机，风卷残云。我在一旁静静地看着它，直到它吃饱了，才站起身。然后，我对它说了几句告别的话，转身欲离开。可是，它立刻跟上来，依然冲着我叫。

一个溜狗的妇女牵着她家的爱犬绕着猫咪走开了，那只狗狗皮毛光洁闪亮，神态倨傲，胖胖的腰身幸福地扭动。

我再一次俯下身,心疼地看着这只又脏又瘦干柴一般的猫咪。我知道,它对我最后的乞求是:要我带它回家!

可是,……

我狠了狠心,转身走开了。它跟了我几步,坚持着表达它的愿望,我只得加快脚步。终于,猫咪失望地看着我的背影,慢慢停止了叫声。直到另一个路人在它身边停下脚步,猫咪又扬起它脏脏的小脸开始了新一轮乞求的叫声。

我走出去很远,回过头来看它,心里有说不出的滋味……对不起,猫咪!非常对不起!我无法带你回家!

天色慢慢黯淡下来,远处的楼群已有零星的灯光爬上人家的窗户,更远处的天空居然浮现了多日不见的云朵。晚风依旧和煦舒朗,小路两旁浓郁的绿叶依旧摇荡出平静的刷刷声。可是,这声音在我听来仿佛一声声叹息和啜泣,我出门时的好心情已经荡然无存,完全湮没在一种莫名的沉重当中。我情绪失落、忧心忡忡地走回家。

第二天黄昏时候,我又鬼使神差来到自行车铺一带。

我先是远远地看见车铺外边的几辆自行车车缝间的水泥地上丢着一块脏抹布,待走到近来,才看清那块抹布就是昨天的猫咪,它酣酣地睡在不洁净的洋灰地上,身子蜷成一团,瘪瘪的小肚皮一起一伏。它身边不远处,有几根干干的带鱼刺在地上丢着。

我心里又是欣慰,又是发堵。想起我家那备受宠爱的爱犬三三,经常吃得小肚子溜圆,舒展地睡在干净柔软的席子上,甚至我不得不经常给它乳酶生吃,帮助它消化,这时我忽然发现:

这个世界别说是人,就是动物也无法公平啊!

我没有叫醒猫咪。只是厚着脸皮上前与车铺的小老板搭讪,也忘记了应该先夸赞他家的自行车,就直奔主题说起这只猫咪。小老板看上去挺善良,热情地与我搭话。他说，每天都给它剩饭剩菜吃，不然早就饿死了。说这只猫已经在这一带很长时间了。我诚恳地谢了他，并请他每天一定给猫咪一些水喝，我说我会经常送一些猫粮过来。我们互相说了谢谢之后，我便赶快逃开了。

街上依旧车水马龙、人流如梭。猫咪就在路旁鼎沸的噪声中沉沉酣睡，热风吹拂着它身上干枯的灰毛毛，如同一块舞动的脏抹布，又仿佛是一撮灰土，瞬息之间就会随风飘散，无影无踪，被这个城市遗忘得一干二净。

我不想等它醒来，让它再一次看着我无能地丢下它落荒而逃。

流浪猫已经成为众多城市的景观。负责环保的人们，你们在忙碌大事情的间隙，可曾听到那从城市的地角夹缝间升起的一缕缕微弱然而凄凉的叫声？

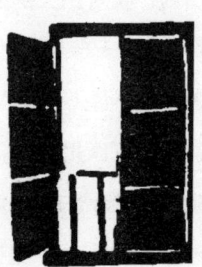

狗性与人性

1. 想当初

我家的小狗三三是个英俊的"男孩"，黑黑的卷毛，长长的耳朵，大大的眼睛，如同一只黑色的羊羔。我常趴在地上和三三抢球球，我们俩摸爬滚打、叽里咕噜不分彼此。三三眼中一定觉得我是他的同类，并且和他长得一样，因为三三拒绝照镜子，见到认清自己真实面目的镜子，他总是掉头就跑。所以，至今他也不知自己是个什么样子。

无法认清自己，三三的可怜也大致源于此吧！

外面的世界越是现实与功利，我对三三的感情越是纯朴与真切。甚至，我对他的溺爱已经到达丧失原则、毫无节制的地步，这多少有些违背我一贯的处世姿态。人大概都会有这样的一面：面对强权无理的时候，可以据理力争，可以反抗，可以不妥协，起码可以用沉默、无声地表达自己的不认同；但是，面对一个弱小无助的被剥夺了话语权的小生命，只能是除了怜爱，还是怜爱。

想当初三三刚到我家来时，他总是用那清澈纯粹的眼神看着我，那种眼神你只能在孩童的眼里才能看到——纯真的、恳切的、企盼的、无辜的、忘我的……黑黑大大的瞳仁占据了他的整个眼孔。他就那样长时间地凝望着我，我走到哪儿，他的小脑袋就转向哪儿，向日葵似的。更多的时候，他亦步亦趋地跟着我，我去厨房，他就跟到厨房；我去卫生间，他就跟到卫生间，仰着头守候在一边。他好像随时在观察我的脸色，揣摩我的心思，判断着我此刻的打算，时刻准备着我说出一句："三三，带你玩去喽"。三三会一跃而起，跳起来热烈地扑向我，然后迫不及待地冲向房门，哈哈哈地吐着舌头，兴奋不安地在门口踱来踱去。只是我太"吝啬"了，有时候好几天才带他出去玩一次。每每这时，我的内疚之情便油然而生，一遍又一遍地跟三三道歉，"对不起啊三三，不能天天带你出去玩，真是对不起！"但是，三三从来没有对我挑过眼，永远一副不计前嫌、宽容大度的样子，欢快地摇着小尾巴，接受和理解着我的歉意。

很多时候，三三并不期待"出去玩"这样盛大奢侈的欢乐，只消我说，"三三，给你小片片"（一种宠物营养片），他就会手舞足蹈，以最快的速度奔向他的专用食物柜旁边，蹲在地上仰着脑袋等候着。

甚至有时候，三三只是等待我用手拍拍他的后背，说一声，"宝贝，我在工作，你自己玩好吗？"他就会心满意足地摇摇尾巴，欣然接受，然后选择离我最近的地方卧下来。三三缠在我的脚边，我建议他回窝里睡觉，他不肯离开，倚着我的脚踝骨卧在小毯子上。一团热乎乎的羊羔似的小身体把我的脚弄得暖暖的，那种不离不舍的绵绵的温暖传递到我心里，总是使我感怀。直到我关上电脑，主机发出轻微的咝咝声，他便迅速抬起脑袋，支起耳朵，眼神里充满了新的期待。他已谙熟这咝咝声意味着我的工作结束了。

经常是在傍晚，我对三三说，"咱们出去玩喽"！三三立刻放下嘴里的狗咬胶，颠颠地跑过来和我热烈拥抱。每当三三表达他最大的感激或者高兴之情时，他就用两条后腿站在地上，两条前腿搭在我的肩上（我蹲在地上），做出拥抱的样子。我拍拍他的后背，"好了，好了，我们准备出发了"。

到了户外，三三就如同去周游世界一般欢快。天色已渐渐发黑，月光透过小路两边的树枝，洒下斑斑驳驳的黯影，三三的黑色卷毛立刻在傍晚的天色中变得影影绰绰，模糊难辨。我们呼吸着冬天冰冷的晚风，心中无比惬意。三三和我一前一后，他跑一会儿就停下来回头等会儿我。我们并不是总沿着平时熟识的路线走，有时我会引领着三三走向一条从未走过的新路。三三完全信赖地任凭我引领着，无论往哪里走，只要跟着我，三三就会觉得是走向自由与光明。

客厅沙发旁边的窗台是三三经常光顾的地方，不出门的日子，他喜欢在那里望风景，窗户外边是一片矮楼的顶层平台，隔着一片空旷，可以眺望到车水马龙的三环路，川流不息的车辆似乎是三三永不息懈的风景片，他在窗台上能够静静地观赏半个小时甚至一个小时。我在电脑前专心工作，偶然一抬头，看到三三独自在窗台上隔着玻璃眺望窗外，孤单单的小脊背落满了寂寞，我心里立刻忍不住地发疼，对自己充满深深的自责——我为什么不能像那些悠闲无事的人们一样，每天牵着狗狗到街上或公园漫步玩耍呢？那才是属于狗狗的真正的欢乐啊！

亲爱的三三，真是对不起！

三三在家里自愿充当保安工作。可是，每当我要出门的时候，他这个保安就会上来找我的麻烦。他缠在我身边，或者抢我的包，或者叼走我的手套围巾，以示不满。后来，我从一个同行朋友那里学来一句灵验的话，才算解脱了我的离家之难。现在，只要我出门前说，"三三保家卫国。打倒法西斯，自由属于人民！"三三就会立刻掉转身，回到离家门口最近处的自己的毛毯上卧下来，开始了他安静的毫无怨言的默默守候。那眼神似乎在说：我的使命就是为人服务的啊！

几年来，我和家人给三三以完全的平等和充分的民主，让他感受到他的生命和我们人类一样没有高低贵贱之分。这的确是我们的初衷：世界万物都是平等的，人类没有权利对一花一草一只小动物不尊重甚而践踏。有时候我在街上看到有人粗鲁地虐待不会说话的小动物或植物，总是痛心疾首，义愤填膺。我觉得，我有义务代表人类对以三三为代表的小动物表示我们的尊重和爱。

2. 到后来

也许是出于对三三的负疚之情，我总想在其他方面补偿他，这便加剧了我对他的宠惯。日子一天天过去，没想到我们的爱却纵容了三三的有恃无恐，他的作威作福的权威意识和老爷做派一天天在增长，有时候简直是登鼻子上脸、无法无天！我经常看着他的脸色，任他在家里颐指气使，骄横无礼。可以说，我对他的低三下四已经到达无以复加的程度。现在的三三，在家中的地位已经日益显赫、膨胀无比、如日中天了。他的脾气比起小时候真是不可同日而语。明明是我养活他，现在倒像是他养活我似的。我们把平等给了他，但是，我们自己需要的平等却没有了。

比如，到了吃饭时间，给他做好了科学而营养的饭食，三三却在一边趴着，鄙夷的样子，拿着搪，看都不看一眼。

我在一边好言相劝："三三宝贝最听话了，三三是最模范的标兵。"

三三把头一转，不屑一顾，不予理睬。

我无奈。

常常是左劝右劝未果，就只好暂时撤离三三吃饭的现场，假装不理他了，"爱吃不吃"。其实，我是躲在远处暗暗偷窥着他的一举一动，生怕他饿着。

三三端够了架子，摆足了谱，才姗姗地、懒懒地、很不耐烦地走向食盆，优雅地、不紧不慢吃他的饭。

我在远处静观他吃完了，才走上前，一边收拾他的碗，一边讨好地表扬着："三三真给面子啊，谢谢三三了！"结果是，我又欠了他的！

家中的阳台是三三的私用厕所，神圣不可侵犯。空闲时候我常常把报纸分类，具有浏览价值的部分我和母亲用来翻看，空洞无物、套话连篇或者低俗煽情、无聊广告的版面，就给三三铺在阳台上用来排泄大小便，物尽其用。

但是，我有时候忙起来也顾不上分类。三三在阳台的报纸上弓着小脊梁拉臭臭，低着头好像专注地读报纸的样子。我注意到它每次如厕都要先看一看纸上的标题，然后专往某种版面上尿尿或者大便。他的选择常常让我惊诧。

我夸赞说："三三不用请就亲自去拉臭臭，值得颂扬。而且报纸也读得好啊！以后我介绍你当××协会的会员。"三三似乎不怎么爱听这话，拉完臭臭就大摇大摆高傲地离开了，对我的称赞置若罔闻，不屑的样子。我猜测，三三的小心眼儿里也许觉得我小看了他呢，自以为起码得请他当个理事、副主席之类的吧？我又是自讨一场没趣。

日久天长，嗅觉灵敏的三三，已经不肯安于只当一个文盲保安了，他参与到家里的文化生活当中，常常指手画脚，发表"高见"。他不允许我在电视中观看他的同类狗狗，甚至只要是四条腿的动物，以及弱小的孩子，他都不允许我看。每当这时，他便愤怒地狂吠不止，命令我换台。倘若我坚持不换，他就会跑过来抢走我手中遥控器，小爪子在遥控器上边乱按。直到电视画面上出现花枝招展的妙龄女郎，或者出现衣冠楚楚、正襟危坐的权威样男人，三三才平息下来，把小脖子伸得长长的在沙发上卧下来，久久凝视，一副毕恭毕敬、无限敬仰的样子。有时候我抑制不住冲着三三大叫，"你为什么见到自己的同类或更弱小的生命就满脸'凶相'，而见到美女和权威就俯首帖耳、奴颜婢膝?!"

三三的趾甲长了，走在木板地上发出踏踏的响声，经常是从一个房间奔跑到另一个房间后，收不住脚地在地板上打滑。我和母亲决定给他修剪一下趾甲。我坐在沙发上，把三三抱在怀里，左手攥住他的一条腿，右手拿着指甲刀。三三立刻警觉地收拢他的前腿，拼命挣扎，自卫一般地眼露凶光，湿湿的凉鼻子头冲着我不停地抽动着。他先是发出一种类似咳嗽似的古怪的声音，向我提出警告，然后发出低沉的呜呜声，这是三三惯用的吓唬人的伎俩。然后趁我不备，三三一下子跑掉了。

我无奈。决定还是带他去医院剪趾甲。

谁掠夺了我们的脸

三三从小就善于区别男人和女人，也许因为他是个"男孩儿"的缘故，所以他一方面喜欢亲近女性，另一方面他也觉得女性比较好欺负，他这种低沉的呜呜声几乎从来都是用来吓唬女人的。在高大魁梧的男人面前，三三往往谨小慎微，露出唯唯诺诺的样子。

在我家附近有两家宠物医院，我决定带三三去那一家全是由男人当医生和护士的宠物医院。到了医院门口，我把三三抱起来，对他说，"三三，我们进去让叔叔修修你的趾甲，然后我们就回家好吗？"三三来不及表示什么，我们已经走了进去。三三见到那些身穿白大褂的男医生男护士走来走去地忙碌着，立刻被镇住了，一下子变得听话、乖巧、顺从，十分配合，全然没有了在家里给他剪趾甲时的反抗。我们坐下来，他自觉地伸出小腿，一声没吭，男护士只用了十几分钟，趾甲就被喊哩咯嚓剪完了。整个过程，三三像个最听话懂事的好孩子。

也许，是三三觉得，在外人面前要表现出男孩子的勇敢；也许，是他懂得，在强大的威势下，妥协是唯一的选择。

从宠物医院回家的路上，三三始终拉长着脸，一声不吭。对川流不息的车流和路人，三三一反常态地没有表现出以往的兴奋。我似乎有一种预感，他这种不太对劲的安静中一定隐含着潜在的情绪，也许他只是等待时机发作吧。

果然不出所料，快到小区门口时候，我们遇到一个衣衫褴褛的拾荒老妇人，她伸着手向我走来。还离着很远呢，三三便一眼把她从人群中辨识出来，冲着她不依不饶地狂吠大叫。三三似乎终于找到一个突破口，把刚才在医院里压抑住的胆怯和愤怒释放发泄出来。我慌乱地制止着这忽然而起的局势，一边对老妇人说着对不起，一边用力拉着三三，一路狂奔回了家。

三三回到家，到了属于自己的地盘，更加有恃无恐变本加厉地发泄起来。他毫不犹豫地一头钻进卫生间，以迅雷不及掩耳之速，把整整一卷卫生纸拖拉着展开，从卫生间拖到客厅，然后又从客厅拖到卧室，他滚动着卫生纸四处铺展……

待我换完拖鞋走进屋时，只看到一片白茫茫大地，真可谓：忽如一夜春风来，千树万树梨花开……

我一下子"怒"从中来，随手抄起茶几上的一本鲁迅的书，虚张声势地对准三三的臀部，雷声大雨点小地打起来：

> 我让你见了高大的权威就低眉俯首、媚态百出，极尽奴颜婢膝、阿谀奉承之能事！
>
> 我让你见了自己的同类、见了更卑微的人就横眉冷目，狗仗人势，狐假虎威。本是同根生，相煎何太急！
>
> 我让你号称是家里的保安，号称以家为本，以为人服务为己任，实际上你骄横无礼，作威作福，只会争权和夺利！
>
> 我让你整天骗吃骗喝，好吃懒做，贪婪腐化，不学无术，不注意体型，整天"只仰卧，不起坐"！
>
> 我让你只狗性，不人性……我让你……

大概是我手握鲁迅的书的缘故吧，我的言辞忽然变得一反常态的激烈和刻薄。三三一溜烟地跑开了，躲到远远的桌子底下，露出一双惊恐无措的大眼睛，莫名其妙地看着我，似乎在申辩：我所有的弱点，只是源于我本是一只狗狗啊，你痛斥的不应该是我啊！

（附言：亲爱的三三，我为了写这一篇《狗性与人性》，专门挑出你的小毛病放大、夸张，并升华到"人性"的层面，这对本是狗狗的你实在有失公允，你这代人受过的可怜的哑巴孩子，对不起！你有那么多狗狗的可爱与美德，只是不适宜放在本篇来说。我与你一起的日子，所有人世间的纷争和冷酷，全被你无限的信赖与欢乐驱散了，你教我抓住生活中的点点滴滴尽情地珍爱和享受，教我宽容大度平常心，告诉我狗狗从不像我们人类那样看重功利目的这一美德。与其说收养你是我改变了你的命运，毋宁说是你改变和教会了我很多很多。永远爱你，三三!)

喜极而忧

　　我的小侄子于一年前的一个下午出生在北大妇产医院。那天我和哥哥等家人等候在手术室门外。嫂子进了手术室大约一个小时以后，我们从门缝听到了小侄子的若隐若现的哭声。我开始兴奋。哥嫂一直是想要女孩的，因为他俩分别姓"陈"和"于"，所以给他们未来的女儿提前起好了名字叫"沉鱼落雁"，谐音他俩的姓氏。在小侄子降生的一瞬间，这个美丽的名字宣布作废，化为乌有。

　　小侄子先被我和哥哥推回母婴同室的病房，空旷的房间里，他躺在小小的婴儿车中，像一个天使，像一个小动物，那么娇嫩，一碰即碎的感觉。我们轻手轻脚，生怕发出什么动响搅扰了他的纯净娇嫩，他的一尘不染。天啊，一个刚刚出生几分钟的小生命，我们成年人的世界和他半闭着的眼睛里的世界，将是怎样的天壤之别啊！我的小侄子以他无一丝杂质的清纯明澈的小生命，勇敢地投奔到我们这个复杂而混浊的世界中来，真是让我欣喜让我忧，这种担忧甚至使我忽然为他感到万分的无辜！小侄子似乎无所惧怕，大大的眼睛用力睁着，好像能看见一样，追着人的声音转动。居然出生的第一天就很有了些模样！这是我平生第一次看到刚刚出生的婴儿。

　　小侄子被护士洗完澡推回来的时候，穿上柔软的小衣服和小帽子，像个小姑娘一样乖。我疼爱怜惜地端详着他俊美的模样，发现他的小脸上有两根被毛巾揩拭后遗落的线头，我几次试图用洗得干干净净的手指帮他弄掉线头，又都不由得退缩了回来。哎呀，他的小脸怎么能鲜嫩得一碰即化啊！我下了很大的决心，才用轻得不能再轻的动作为小侄子揩去脸上的两个小毛毛。那小毛毛在他脸上一定痒痒的，而他又不会动，我越想越觉得一个婴儿真是无辜和可怜。

"月嫂"在下午5点钟左右来了，洗过手就开始用奶瓶喂奶，小侄子喝了今生第一瓶牛奶（大约10毫升）。他的小嘴本能地用力吸吮，生下来就会吃啊，这小东西！

回家的一路上，堵车堵得厉害，前边一辆不知什么年代的很脏的汽车喷吐着浓烟滚滚的尾气，眼前一片昏黑的气团；风沙又起，纸屑塑料袋之类在道路两边随风滚动，蹁跹起舞；远处，耸入高空的大厦正拔地而起，一寸寸地掠夺着我们天空的蓝……我急忙关上车窗。不由得想，掠夺我们春天的绿色和蓝天的，肯定不是汽车和大厦本身，而是我们人类急功近利的对自然的不尊重，是我们人类的自以为是和日益膨胀的功利心，说到底是我们的自负与妄为。想起我的小侄子，他已经被父母的意愿带到这个人世间，这个世界的美好与肮脏、灿烂与龌龊、和风与戾暴，他都将别无选择地去面对，这就是他的土壤，无论他愿意不愿意，他都只能在这个世界上活下去。他的未来将是怎样的一场人间的较量啊！按照我们中国的成长模式，他将从上幼儿园甚至在上幼儿园之前就开始奋斗拼搏他的一生了：他未来的考试分数、他的大学、他的商场或官场、他的金钱财富、他的婚姻家庭、他的庞大的人际关系网络……这将是一场何等漫长的艰辛与严酷、何等漫长的举步维艰和艰苦卓绝啊！难道我们的生命注定要如此风鬟雨鬓地展开吗？难道我们的生命生来就是为了迎接一场栉风沐雨的过程吗？我的忧虑正是来源于此。我们的生命本来是为了消受一遍尘世的良辰美景的啊，本来是为了消磨品味人间的绚烂时光的啊！我曾经说"一些良辰，必须虚度；一些时光，必须消磨"。可是，活到今天，当我们回眸审视自己的生命，意识到这个问题的时候，现代人严重的焦虑已经摄取占领了我们的身心。我至今深深喜爱"人应该从墓地回来的路上成为一个诗人"这句话（一位诗人语），可是，我们在这样的日复一日的实际的现实中，到哪里还能去寻找诗人呢？这个问题不能不成为我的一种忧戚。

我的另外一种担忧是，我一直觉得，任何一个小生命的来临其实都是无辜的，都可以说是"强行"被父母带到这个世界上的，甚至可以说仅仅是来自父母的一厢情愿。无论这种哺育是多么的无价，天下的父母首先应该把儿女当做一个有着健全人格身心的独立人来培养和尊重。可是，我们中国古老的观念却一直认为，是父母给予了子女以生命，然后就有了一种天命的东西赋予了中国式的父母与他们儿女的不平等关系，这体现在国人根深蒂固的父母的特权观念上。中国式的父母，有多少不是自私地为了养儿防老、把儿女当作排解自己晚年孤独的私有物呢？又有多少父母不是把自己的观念和希望强加给儿女，使之按照自己的意愿成长、成才呢？而儿女们自己的趣味、自己的快乐和自己愿意的人生（哪怕是平庸的人生）又有多少自由发挥的心理空间呢？有多少中国式的儿女一生都背负了父母们沉重的人生啊！

由于我的生命（现已拥有的）背负了过于沉重和复杂的什么，以至于杞人忧天地想起我的小侄子。对于我自己，生活的姿态已然成为一个定局，以自己脆弱敏感的个性，在这样的内在自身的复杂和外在世界的混浊境遇中，继续完善自己宽容达观的境界，将是一个永久的功课，我愿意把这门功课长久地反省下去。

有人说，真正快乐的人没有理由去思虑，他们是在生活，而不是质疑生活。实际上，我们身边99%的人群正是如此地生活着。我宁愿我的小侄子长大后消失在这99%的人群之中，只是去生活，足矣。

我的哥嫂都是开明的人，但愿我的小侄子拥有一个轻松快乐、平静自如的人生！哪怕由于这种轻松快乐、平静自如而显得过于平凡、过于平庸！

我为小侄子的清澈纯质的新生命感到无比喜悦，直至喜极而忧！

人造花园

"五一"这天，我和朋友在城市东边的街道上漫无目的地瞎走，宽阔舒朗的马路周围是鳞次栉比的写字楼，以及硕大炫目的广告牌。我们随着人流，赶热闹一般莫名其妙地涌进了一个挺大的公园。

我们在进入公园不到五分钟的时间，就后悔不迭起来。

这是怎样的一个人造花园啊！密集而鼎沸的人流在我们身前身后穿梭如风，劣质嘈杂的音响轰鸣着某一支欢快的乐曲，震耳欲聋地在公园的上空弥漫沸腾。炎炎烈日下，干燥而嘶哑的春风掀起一阵阵飞扬的尘土，即使是公园中间一个水坑似的"湖泊"中，也像煮了一锅饺子一般，堆满了塑料鸭子电动船。一会儿一个售卖雪糕冷饮的临时伞篷，一会儿一个闪烁着霓虹彩灯的假山瀑布，一会儿一个兜售花花绿绿的气球和粗糙石膏捏制的大卫雕像、巴黎凯旋门广场的货摊……还有套圈获奖游戏的吆喝声此起彼伏着（奖品为俗气难看的洋娃娃或小动物）；众多简陋的戏台上，或者是锣鼓喧天浓彩重墨的古戏，或者是重金属声嘶力竭的愤怒摇滚；最为奇观的是一个人工钓鱼场，那个大水盆似的水坑里被抛撒了一些红金鱼，人们交了费，探着头兴味盎然地在水盆里享受垂钓的乐趣……人声鼎沸的平面旷场上，极目了望，一片呜泱呜泱人间的后脑勺！难以寻觅一丝绿阴的遮蔽，难以落足一块清寂无人的草坪！

我们意念中的那些属于自然的曲径通幽的石子小路、柳暗花明呢？那些幽深湖水中的微涟轻漪、水波荡漾呢？那些被刻满了岁月浸蚀痕迹的亭台楼阁和倚坡蜿蜒的长廊呢？那些属于自然的青苔草坪、斜坡土丘、苍柏垂柳以及缭绕的泥土花香呢？

记得一位西方的地理人文学家曾经说过，在中国，人们习惯说"建造"一个花园；而在欧洲，人们则习惯说"种植"一个花园。这个呈现在词藻上的差别，却是体现着一种观念的分歧。我们中国人更易于追寻花园的人造属性以及速效性，追寻那种梦幻一般的亦真亦假，一种沉湎于戏中的片刻的虚幻；而欧洲人则贬低一切人工的技巧，把一切自然的属性和天籁之声视为高级的文明。

在我所居住的城市，是颇有几处把大自然的属性与人工高超技艺完美结合的花园的，譬如：颐和园。就在一个月前，我刚刚和几个朋友游历了颐和园。那是一个欲晴欲雨的很适宜户外活动的天气，在我大约已有十年之久没有来过这里的重游与期待中，这一次的"邂逅"，与其说是春游，莫如说是专程赶来完成一次对儿时欢乐的重温与追忆。

那天，我一直在想，我们的童趣是怎样丢失的？那些天然的、自然的人和物的属性是怎样一点点离开我们的？我感到恍惚而怅然。正像我记不得童年是怎样一点点离开我们的一样。我并不以为，一个成年人的智慧必须以抛弃我们清澈的童心为代价。大道无术是什么？那就是我们本初的清澈与明晰。

作为我个人的倾向爱好，我更喜欢那种多一些大自然的本色、哪怕是多一些粗糙的大自然的纹理。我们现在的城市，已然是一座人工雕琢的产物，钢筋水泥的不自然性和俯拾皆是的人文景观，显得过于细腻、精致，甚至由于过度的装饰性而不太真实。倘若在我们城市拥挤的夹缝里，更多地镶嵌一些"种植"出来的绿色花园，哪怕那些饱满的绿，要经历一些岁月的沉淀，哪怕我们只能看到它的嫩芽和雏形，我想，那将是对现代人以及城市焦虑的缓解与调剂。

而我前边提到的那样一种嘈杂喧闹的"人造花园"，虽然可称是儿童的乐园（可建造迪尼斯乐园似的儿童天堂替代），但毕竟流于肤浅和幼稚。一个成年人，置身其中，仿佛身置幼儿园挤坐在小桌椅中那样迷离而倒错。

回家的一路上，我注意到一些孤零零的树木，被人工架起的供人们娱乐的帐篷拉扯着，痛苦的扭弯了身躯；不多的一点零落的草坪，被人们漠视地肆意践踏穿行，或者被人们随意地铺上报纸塑料布，然后坐在上边大快朵颐……我们对草木们知道多少呢？我们可曾听到树的叫喊、草的哀号？我们可曾意识到我们正在对它们行凶？它们那因被扭曲挤压而发出的疼痛无助的哀号，与忙碌的我们到底有何相干？

倘若我们还没有完全地被冷漠愚昧遮蔽的话，我们一定可以听到，那惨痛之声与我们息息相关。

我们这些人啊，只消少一点气喘吁吁、急功近利，只消能够倾听到那些朴素的嫩绿与浓郁们发出的忧戚的缄默之声。

记得有一次，我在一本书中看到一个片断：一个男人从一条正在挨打的狗身旁走过，他站住，说，请住手，别打了，我从它的哀叫中听到的是一颗朋友的心……

就为这一句话，我便断章取义地无端地喜欢上了这个人。

仲夏之夜，我们的
星空哪儿去了

　　我的好友小幽，喜欢在眼睛上永远挡着一副 CD 墨镜。我曾玩笑地说她是名牌的"奴隶"，居然喜欢到不惜遮住自己好看的大眼睛的程度。不料她却说：这你就不懂了，眼镜是贵了点，但是我在自己的城市，不用亲赴欧洲，却天天看到的是"欧洲的天"。

　　说者玩笑而无心，我却听得心中慨然而忧然。

　　是啊，曾几何时，我们那晨曦的晴空下碧透如洗的瓦蓝哪儿去了？那树篱的枝桠上梦幻般悬挂的繁星哪儿去了？那浓墨重彩的洇开的花瓣似的朵朵浮云哪儿去了？难道它们真的要被遗忘在污浊的霾气之中吗？

　　我从不喜欢标榜自己是个什么主义者，但是，一直以来，我非常诚恳地愿意自己是一个环境主义者和动物保护主义者，并且，我有幸成为环境和动物保护的资深会员。我的职业虽与此无关，但作为人类一份子，我以为这是我们每一个人的天职。我们的天空能否明澈，我们的空气、水、植被、食物等等生态环境能否良性循环，乃至人类的生命能否健康的沿袭，与我们的"绿色"意识以及人类能源的消耗休戚相关，这已是不争的事实。

　　有一次，我在一个购物商城的洗手间里，偶然发现有一只水龙头坏了，清水哗哗地流淌不断。我找到值班经理反映情况，希望可以尽快解决一下。值班经理神情漠然地说了声"知道了"，并没有起身去处理的意思。我只好继续善意地说，"这样太浪费了"，我的语气中无端地掺杂了一点内疚，仿佛是我在给人家凭添麻烦。经理冷着脸很不情愿地起身离开了座位，我猜测他一定是迫于这样一个高档商城的管理者身份的无奈，而他在心里也许正在嫌我多管闲事呢:"又没有浪费你家的水,你着个什么急!"可是,水资源是我们全人类的啊,并不是你承担了水费就有权利肆意挥霍的。

另一次,我在出版社的楼道里,遇见一位新来的编辑,他正在批评打扫卫生的清洁工无缘无故地浪费纸张。他说,"出版社的纸张是可以敞开了随便用,但是,这些纸都是树木做的,你知道吗你扔掉的就是绿色的森林"。我立刻对这位新来的编辑有了一份好感,并且马上加入到他们的谈话中。我对这位从北方来的清洁工诚恳地说:"如果我们每个人都像你这样,你家乡的风沙会越来越大的"。清洁工小声地嘀咕:"这种纸,咱们出版社有的是嘛"。令人遗憾的是,过来往去的另一些人也跟着说,算了算了,出版社有的是纸。

美国前副总统戈尔在田纳西州首府纳什维尔有一处住宅,据可靠消息称,他家的用电量和天然气用量惊人,超出全美平均水平20倍以上,他每个月花费在电费和天然气上的开支就接近3万美元。此消息一经欧美媒体披露,即遭到许多欧美公民的非议,甚至是鄙视——你一个有身份的人,一个谆谆告戒人们该买什么样的灯泡和冰箱更节能的"环保主义者",居然如此挥霍人类的宝贵资源,太虚伪了吧!一时间呼声不断。看来,美国和欧洲国家的很多普通公民,都可以抛开财富看待人类的资源,这一点,是我们的公民意识所不能望其项背的。

随着全球变暖趋势的愈发显著,"绿色"意识业已在全世界各文明国度愈发凸显。譬如德国,做为全世界最重要的汽车王国,省油节能、减少污染一直是他们汽车工业追求的方向,不仅在汽车制造技术上注重燃油消耗和尾气排放环节,而且连个人开车方式所造成的无意识的些微损耗也不曾忽视。比如:提倡公民开车时尽量提前识别路况,遇红灯或前方需要停车时,提前松开油门靠惯性滑行;再比如,候车时尽量熄火等候等等。难道德国人没钱买汽油吗?我想,那应该是"保护环境,人人有责"的"绿色"公民意识吧。

前些天，在东三环辅道上，我一眼瞥见一只白色的京巴流浪犬正沿着环道路边和我的车顺向跑着，我立刻减慢车速，揪心地看着它。令我触目惊心的是，它的身上居然背着一只黑锅盖，确切地说，是它自己的毛毛坚硬地粘连一体形成的貌似锅盖似的一个硬壳——那是有人往它身上泼了大量油漆或黏性液体形成的，它就那样背着一只"黑锅盖"没有尽头地在北京三环的大马路上跑着。我心里立刻涌满了疼痛，继而义愤填膺：人啊，你怎么可以如此地践踏摧残一个身处弱势的生命！我一边跟着它，一边迅速地在脑中盘算着有什么办法。我后边的车流正在不停地鸣笛催促我，由于我的减速，后边的车流已经滞行，而我在一两分钟里是想不出什么办法的。我迟疑着，终于忍痛离开了。回到家，我依然沉浸在京巴犬事件中，懊丧并自责于自己的无能为力。我曾听说北京有一位张吕萍女士收养了几千只被遗弃的流浪猫狗，并为此建立了一个小动物保护基地。于是，我设法从一个作家朋友那里打听到她的邮址，以收养一只小动物的名义汇去了钱。然后默默地想，就让我在意念中收养那只背着"黑锅盖"在三环路上跑大圈的京巴犬吧。对不起了，狗狗，我没能帮助你，我只能祈祷你能幸运地遇见一个可以收养你的人，给与你温暖和保护，让你远离一切人类的恶行。

　　我当然无意纵容自己悲天悯人的多愁善感，只是想践行"尊重他者的生命，即是尊重我们自己的生命"这一朴素的道理，只想遵循"尊重自然，敬畏自然"这样一个绿色的理念罢了。并且，愿意在我的有生之年，为此奉献自己的一点绵薄之力。

　　海洋肆意填，江河任意断，森林滥砍伐，动物乱虐杀，能源挥霍膨胀，基因无节度改造……到头来，毁灭的将是我们自己啊。

　　我多么期待，我的朋友小幽不戴 CD 墨镜，也能在我们自己的城市天天看见"欧洲的天"。让我的朋友们在迷人的仲夏之夜，在霓虹闪烁、灯红酒绿的人造美景中，偶一抬头，即可遥望到那深邃的穹隆之上的晶莹剔透的钻石般的星星。

就假装什么也不清楚，也不要试图弄清楚，否
则你将失去。这就是生活。

我与心

生活中人们的种种关系越来越多地呈现出利用和较量的一面，纯粹的友善已经难以遇见。

哪里有金钱，哪里就有战场。

与另一个自己相遇

通常时候，一杯清茶，一段白天的独处的寂寞时光，或者入睡前一段铅华洗尽的夜晚，窗外是早春或者暮秋细密的凉凉的风，CD 机里响着绵绵长长的带着苦涩又显得疲倦伤感的音乐，它就走来了，它那样真切地走近我，靠近我柔软的心，伫立下来，然后，我们相视而坐，细语般交谈。

然后，我们会被一阵现实的喧哗所打断。譬如有人敲门，或者只是一阵急迫的电话铃声，它忽然就匆匆离去，头也不回一下就离开我。它是那样的脆弱与虚幻，那样地与现实生活格格不入。我必须在现实的嘈杂中努力挣扎着进入一种"深度"，才可以打开生活之外的另一扇窗，保存它，保存住我的另外一种生活，才不至于被广阔而强大的现实洪流所完全地湮没。

感谢上帝，让我享有这种短暂而神秘的只在内部发生的生活，而更多的人群，早已在尘世粗砺的摩擦中退化或者断绝了这种"信息"，他们的全部激情似乎只是在人群之中拼杀，完全忘记了还有另一扇窗通向自己，与另一个自己相遇。

更多的人死于欲望。

也依然有人迷恋心碎，哪怕只是一瞬间。

一间自己的屋子

浮华的这个城市
我依然愿意，与之
保持审慎而适度的隔膜

固执地走进一个
非现实的屋子，萍水相逢
我的缺陷将在这里盛开花朵

半颗心在这里隐居
神疲力倦我奔赴而来，你让我
与自己重逢，相伴

半颗心，裸露给外边的喧哗
脸上虚构着成熟的现实
我和我的身体秘而不宣

我向身体里的敌人致敬
安魂曲垂挂在指间，我只
躲在键盘上默哀未亡的心弦

窗外依然是她　他们的世界
依然是她　他们的天
偏僻处，我心甘情愿

凝神谛听纷乱的云朵
曲尽而人不散，怀抱城市夜晚的
余温，我低声诉说晚安

哪个"我"才是
我身为自己的时候

　　一些细微琐碎的小事，经常在夜间我忽然醒来时，在脑际盘桓萦绕不去，停滞下来。结果是，接下来的睡眠就此被打断，无法继续。

　　那都是些什么样的小事呢？譬如，几天前的一个会议上某一个人的某一句话，或者某一个人的某一个小动作。记得当时我并不以为然，但是几天以后的夜深人静月白风清时分，它便会清晰地跃入我的脑中成为一个问题，我常常会顺着彼时明晰的思路展开联想。这样的夜晚往往会出现一次无声的不太长的"自我交谈"，然后得出一个隐蔽在深处的判断，之后朦胧睡去。

　　我在这样的夜晚产生的判断，往往被后来的事实证明大多是有根据的。

　　为此，我常常诧异：我基本上算是一个敏感的人，为什么一些判断我无法在当场捕获而是在几天以后忽然冒出呢？我想，首先，我算不上是一个精明的人；其次，我怀疑自己的意识拥有一些迷障，易于被聪明的人引向歧途。但是，幸好，我有一个连我自己都常常会忽略忘记的潜意识，它把一些信息不知不觉储存起来，适当的时候出其不意地跳入到我的意识中来，神秘而叵测。

　　我曾在《我和另一个我》中，提到一个人同时也是另一个人。

　　现在，我想，有的人可以同时是三个以上的人：

　　1. 人群中"我"常常是一个"别人"。

　　2. 思维状态时"我"是一个成熟理智的人。

　　3. 潜意识中"我"是一个复杂微妙的人。

　　……

在我们的人群当中，有多少人不是如此的呢？

我被现实分割成诸多面，在不同的时间和不同的"游戏规则"中"游戏"，至今没有"分裂"。甚至由于写作，我连自己最为内在的东西业已外化，而那些所谓内在的东西，掺杂了多少身为他人之时的感受，也未可知。

哪个"我"才是我身为自己的时候？

其实，我知道，很多的人，一辈子谁也不是。

记忆　缅怀
老家　旧相识

　　连日来看美国作家怀特的书，断断续续，有时只消看上那么几段文字，我心里的状态立刻就被拉回到一个旧远、旷漠、伤逝、怅然的意境，仿佛梦境里回到旧居，熟识的气味色调在周身弥漫。然而，这似乎与怀特已经没有什么关系了。

　　那样的一种远在异国他乡的午后低沉的情绪似乎一直缠绕在我的生命中，不曾离去。那一年夏末秋初时节，我和母亲坐在美国加州一个小城的院子中，我没有电话、没有邮件、没有我生活的那个城市的任何信息，我被自己切断得与世隔绝。我当时正处在抑郁症当中，脑子里空洞得如一团雾气或霾气，又仿佛被塞得满满的，再也挤不进来一句话，甚至一个小小的句号，终日神情木然，思维恍惚，然而，这已是我的意志力在抵抗负面精神状态所能作出的最大的努力了。母亲陪我坐在那个遥远的院子里的遮阳伞下，四周是朋友精心伺弄的花草树木，碎石木栅。院子外边是静悄悄的街道，偶尔有一辆或者两辆小汽车刷刷地驶过，它们其实是很近地从我们面前经过，但我却感到那刷刷的车轮声来自很遥远的地方。

　　这样一个晴朗而寂寥午后，我坐在那个不属于我的陌生的院子中，似乎是专程为了躲避某一种精神状态而来的，我当时并不知道那是抑郁症的缘故，只是无奈地感受着每分钟的痛苦和煎熬，不能自拔。我百无聊赖地观看身边的蚂蚁、麻雀之类的轻而小的东西，心里却压着一座莫名其妙的大山。我清晰地记得我当时观看它们的感受，麻雀们个子很小，唧唧喳喳，起起落落，我想它们也许来自一个遥远的城市或乡村，说不定就来自于东半球我生活的那个令我痛苦又令我想念的城市也未可知，然而我们在这个陌生的遥远的角落相遇了，同是天涯沦落之感油然而生。当我想到那些麻雀千辛万苦不远万里地来到这里，只是为了在花园的草丛泥土间寻觅一滴水、一粒米的时候，我心里万般地难过；我还看到地上的蚂蚁，个头很大，它们也在烈日阳光下的石缝间忙碌地奔波着，一个面包屑将是它们盛大的晚宴，甚至将是它们丰硕的粮仓……

我抬起头，仰望碧空如洗的蓝天，以及蓝天之上令我未知的亘古如斯的空旷，想着自己，想着为什么要这样地活?! 蚂蚁们渺小的身影不就像我自己在浩瀚的宇宙中那样渺小吗? 我只是一颗草芥、一只蜉蝣、一粒尘埃在天体中沉浮和哀号，人来到这个世界难道就是要这样地过活……念及于此，尘世的一切烦恼更加让我睹物伤怀，黯然忧戚。朗的天，阔的地，润的风，候鸟的迁徙，昆虫的栖居，一切的一切都变得晦涩灰暗，都让我莫名地难过……

记得，我的整个美国之行非常糟糕，几乎昏天暗地。最后，在我简直想在美国最高的建筑物上了结一切时，这次旅行就被忽然中断了。母亲拉上我匆忙返回了北京。

回到北京后，在母亲的建议下我去看医生。我在医生那里失控地痛哭一个多小时之久，对着一个外人诉说成年以来的种种苦痛、压力和绝望。我记得那个女医生最后对我母亲郑重地说，她早该来看病了，十多年前就该来了。

……

这些似乎是很久远的事了，往昔那些糟糕的情况如今早已烟消云散，不足挂怀。有时，我会怀想那个与我的精神和肉体完全无关的花园，壮硕的蚂蚁，胆怯的麻雀，傍晚六时自动洒水的喷泉，浓艳的云朵，恣肆的藤蔓，一闪而过的猫，雨燕，黄昏，垂柳，我的懈怠与挣扎……那个遥远的院子完全是我精神上的"别处"，它其实与我的任何一种归宿都不相干，但是，不知为何，在那个院子里我精神上所经历的状态，像是我生命中一个时常出现的定格，或者说，它是我某种精神状态的"老家"，一个从我一出生就存在了的旧相识，那熟悉的气味、色调、质感在我身体的这座老房子里弥漫不去。

现在，当它们偶尔与我相遇，我便感到似曾相识，"老家"的气味让我再熟悉不过了。但它已经很难再摧毁我，更不可能将我吞噬。我和它相安无事，和平共处。

至于人的精神状态，我其实是不怎么相信西医药片的。那么，靠什么拯救我们自己的精神呢？我想，大概我每天的阅读和写作，有一部分动力来源于对这种解脱的寻找吧。我还猜测，随着岁月的磨砺，我们的内心将会越来越多地镇定与从容。

我的挣扎与懈怠

旧年最后一天的早晨，忽然间大雪茫茫，浑然一片。我隔窗向外眺望，柔软的白雪作为这一年的终结，拉上了静悄悄的帷幕。大雪的后面，是一片阔大无际的空无。

我站立窗前良久，转了转疼痛的脖颈，颈椎立刻发出轻微的咔咔声。这疼痛已经持续绵延多日了，我无法写作，无法长时间坐着注视书本和电脑。这莽天阔地之间的帷幕，使我忽然感到该给自己告一个段落，也该和自己谈一谈了。

一直以来，我心里总像有什么急事要赶，但它是什么，我似乎并不清楚。在家里时，我急着出去，出去了又急着回来。长久以来，我被那模糊不清的什么事物剥夺了，心不在焉，神不守舍，即使在轻松的聚会上也好像有什么事在脑子里抹也抹不掉，即使到了我喜爱的商城，琳琅满目的物品在我的顾盼间，也分明有一种讲不清楚的什么在我的视线后边隐藏着。

特别是，为了生活，我常常费尽力气地给自己设定理由，说服自己遵循某种人际规则，即使我是如此地厌恶某些事物，我依然要求自己和大家一样与生活的规则或潜规则和谐相处。但我总是做得恍恍惚惚、磕磕绊绊，用朋友的话说，"踉踉跄跄的"，没有别人那样轻松自如，费了很大力气却依然没有别人做得好。哪怕是很小的事，也往往像忽然醒悟了什么大事情似的，荒唐而可笑。比较周遭体制中的人们，从现实生活某种实惠的角度而言，我不能算是成功的。而这似乎也是一种必然。

那个经常占据我的是什么呢？难道我真的有什么急事吗？我为何要被它

左右？

　　现在想来，在生活中，我经常会冒出一些想法，这些看不见的东西，常常使我神游事外，目光游离，显现出一副似是而非、模棱两可的样子。糟糕的是，我急于把它们写出来，落在纸页上，好像唯有如此，生活的痕迹才能确确凿凿地留下来，生活本身也才确确实实地经过了，好像那些字本身才是生活。可是，很多时候，我却不能把它们付诸文字。

　　从窗口望出去，一个年轻的红衣女人从对面白雪覆盖的童话般的楼洞里走出来，她抬头看看天空大片的雪花，有点束手无策、踟蹰犹疑的样子，雪花立刻吞没了她帽子的红色或者粉色，她仰着头，往她刚刚走出来的那幢楼的一个窗口眺望。一会儿，一个高大的男人匆匆从楼里奔出，过来牵住她的手，两个人相倚着往外边白皑皑的街道走去……

　　又一个老妇人披着深色的披肩，提着菜篮，蹒跚着从我的视线中走过去，她面朝着被雪片切碎的斑驳的阳光，脸上镶嵌着金色的皱纹。她的篮子里装满红红绿绿鲜脆欲滴瓜果菜蔬、装满她结结实实的日子以及她沉甸甸的辛苦……

　　也许，她们这一生，什么也不曾书写过。

　　写下来有那么重要吗？追问探究有那么重要吗？

　　问题正是缘于此吧。很多时候，我把思考生活当作了生活，清理生活的时间剥夺了生活本身的时间。

　　我在想，那些若隐若现躲在我的目光后面的文字是什么呢？从外表上看，它们是一本本书，是追问和探究；可实际上，那些清晰的墨迹，那些零乱的片段，它们算不上什么，他们永远抵不过生活本身的强大。而且，真实的事物写不写出来都存在于那里，意义本身也存在于那里。

　　在这新年雪幕拉开的一瞬间，伴随着颈椎发出的疼痛的咔咔声，我忽然决定，不要再让那些漫天飞舞的雪花一般的文字捆缚在身上吧！有一件事我必须立刻让自己明确下来，那就是：我要和正在写作中的《僻室笔记》长久地、心平气和地相处下去；没有时间的捷径，没有身体本钱的捷径，更没有任何意义的捷径，可以囫囵而就，急切成章。

我伫立在岁末的窗前，漫舞的雪花使我失神滑落一个一闪之念：让我把它当做一个珍爱的人，耐心地、长久地相处下去，彼此守候。

只是因为，生活本身的意义，比探究生活意义的意义，更为重要。

享受安宁

清晨，伴着刷刷的雨声醒来。

我蜷缩在床上，眼睛却眺望窗外灰蒙蒙的天空和深褐色的秃树干。尽管屋里依然是冬天那一种暖暖的干燥的热气，但我可以预感，房间外边已是早春的湿湿润润的气息了。

迅速起床，推开阳台上的窗户。果然，一股湿淋淋的由土地呼出来的雨水的味道沁入干燥的肺腑，我感到所有沉睡一冬的小虫子肯定都会在这个雨雾濛濛的清晨睁开眼睛。

阳台上的龟背竹又长出了嫩绿的新芽。回想起来，已经很久没有感受到这种浑然一体的宁和气息了，甚至，已经几年没有看见早春时节街道两旁满眼的树木是如何抽叶发芽的了。一直以来，城市的噪音、人群的纷争以及四面八方潮水般涌来的压力，使我对身边这些安宁的事物几乎视而不见。不知是这第一场春雨，还是什么莫名的奇怪的引力，这会儿我终于重新看见了它们，一时间，竟恍若隔世，惊叹自己何以多时以来浑然不知？

其实，此时天地万物的安静之感，首先缘自内心的安宁。

这几天，我感到一股奇妙的无声的力量在内心里生长，它们先是一团模糊不清的东西，进而渐渐成形，然后它们成为一股清晰而强有力的存在——那是一团沉默的声音，它们一点一点浸蚀、覆盖了我身体里边的那些嘈杂，然后一直涌到我的唇边、涌到我的指尖上来。我清晰地听到了它们。于是，我的唇边和指尖都挂满了丰沛的语言。我无须说话，无须表达。但是，如果你的内心同我此刻一样，你就会听到它们。由于它们的存在，当我独自一人对着墙壁倚桌静坐的时候，我的眼前不再是一堵封闭的墙垣，相反，我的视野相当辽阔，仿佛面对的是一片丰饶多彩的广袤景观，让人目不暇接，脑子里边的线路与外部世界的信号繁忙地应接不断；而当我置身于众多的人群里，却又如同独处一室，仿佛四周空空荡荡什么都不复存在，来自身体内部的声音密集地布满我的双眼。

这感觉的确相当奇妙，但外人却难以察觉。它似乎是一种回家了的感觉，也似乎是复苏了的感觉。以前很多时候，人在外面，在茫茫人群里，嘴和脚是动着的，但是，我可以肯定，心脏和血液几乎是静止的。而此刻，尽管肢体一动不动，但心脏和血液却都活了起来。

多么好！

桌上的这一页白纸，几天前它就空洞地展开着，张着嘴等待我去填充，如同一个空虚的朋友，饥饿地等待灌输。然而现在，我对它依然不置一词，可这张白纸却分明在我的眼睛里涂满了字，充满了内容；电话机安静地卧着，像一只睡着的小动物。但是，它的线路却时时刻刻在我和我的对话者之间无声地接通着，我无须拿起话筒，交谈依然存在；

泰伊的弥撒曲远远地徐徐地飘来，其实我并没有打开音响，那声音的按钮潜藏在我的脑中，只需一想，那乐声便从我的脚尖升起。我甚至不是用耳朵倾听，而是用全身的皮肤倾听；

天色渐渐黯淡下来，我一个人倚坐在沙发里，看着室内橙黄色的灯光与窗外正在变得浓稠的暮色，看着它们小心翼翼地约会在玻璃窗上，挤在那儿交头接耳。再仔细倾听，窗外的晚风似乎也在絮絮低语，间断掉落的树叶啪哒啪哒如同一个个逗号，切割着那些凌空漫舞的句子；

……

你肯定有过这样的感觉。

这种时刻，所有的嘈杂纷争、抑郁怨愤甚至心比天高的欲望，全都悄然退去了，宁和、富足甚至安详便会从你的心底盈盈升起。

被分割的我

在某个单位或者某个社会群落中，一个人倘若不能够经常地迎合别人，别人就会转回头送还给你一堵石头砌成的墙壁。渐渐，这样的"别人"多起来，你身边的墙壁自然而然就会四处而起，八方林立，你就会觉得生活的窗口处处向你关闭，方便与通融之门的把手被握在各种各样的"别人"手中，你寸步难行。你甚至开始怀疑你自己。

你还看到，很多时候，人群判定一匹马的价值，并不是依据它的矫健和力量，而是依据它的鞍具是否漂亮、贵重；判定一阵春风是否和煦，并不是用肌肤本身感受它的温馨和舒展，而是去用耳朵倾听风铃是否清脆和亮丽；作为精神食粮的一本书的分量，却被放在称量饼干几斤几两的天平上来计算；而一个丰富、复杂的活生生的个人，则更是……似乎一切都是依据事物本质之外的表象来衡量。

既然如此，聪明的马就不必再去忙着奔跑，有悟性的风首先考虑的是要在自己的颈项上佩戴许许多多的铃铛……

这时，你发现你的双脚需要的不仅仅是鞋子，鞋子下边还需要有道路，这道路自然不能是那种拧着劲儿的绊人脚步的绳索，而是那种势如破竹、水一样通畅的"出路"。你需要出路，就如同音乐需要耳朵，绘画需要目光，如同氧气需要肺，佳肴需要胃。

慢慢你发现，人群实在"危险"，你必须舍弃一半本真的自己，把这半张脸孔化装成毫无个人特征的众人皆同的模样，半边身体的骨骼也必须是圆润的，以换取各种各样的"别人"在各种各样的路口的通行证。你必须学会

谁掠夺了我们的脸

与他人"处于危险的一致"。

能够生存下去，正是在于你无时无刻地脚踏这种危险而平庸的基石之上。这也正是克尔凯郭尔以抗拒和否定的态度所指出的"群众的时代"、"个人不能救助的时代"。

你其实只有半条命！因为，你若是想保存整个生命的完整，你便会无生路可行，你就会失去全部生命。

许多年来，我始终在自己的身体里，为保存半条生命还是失去全部生命，进行着无声的选择。这一场看不见的较量从未离开过我。我无法彻底"这样"或者彻底"那样"。

最终的答案是无疑的：我只有半条命，我只能拥有半个自己，只要还想活下去的话。

我作为半个人而存在着，她像一个清醒的旁观者，冷静而痛惜地看着被割舍、牺牲出去的另一半，如同看着另外一个人。她们就像合租在一套住宅里的漠然的邻居一般彼此无关，同时居住在我的体内。

属于我自己的这一半，尽管她有更多的时间独处一室，显得冷落寂寞，但她忠于了自己，顺从着自己的精神，因而她是充满趣味的，内心充盈的；而被贡献出去的那一半，每日混杂在热热闹闹的现实生活里，接受着别人不断地抛掷给她的许许多多应接不暇的貌似真实的虚伪，她不得不给自己的思想和本意戴上面具，甚至是镣铐，像每天消化食物那样消化掉那些真实的虚伪，所以她依然是孤独的。

所得与所失

大年三十中午，我因一时疏忽，吃了一些应当禁食的东西，然后就开始担心胃的毛病要来找我的麻烦了。我警觉着它的动静，果然，一会儿胃便不安分起来，先是隐隐的，渐渐就恶心并且剧烈地疼痛起来。像往昔一样，我只好躺到床上去忍着。倒霉的岁末要在这种难熬的折磨中度过了。

节日里电话铃声不断，像轰炸机一般令人心惊胆战，我一边疼痛着呕吐着，一边在间歇中喘息着接听了几个电话。很久以来，除了至亲密友，我对于电话早已是恐惧之至，某一些现代文明在为人类提供了便利的同时，其实也剥夺人们内心的安宁。

也许是物极必反吧，我躺在床上，怀念起夏洛蒂·勃朗特与奥丝丁时代，一封情书要用半天时间才能用马车从一个庄园传递到另一个古堡去。在那个时代，一个感怀伤逝之人，她的敏感的内心是能够守住一份相当的安宁的，因为她可以拥有很多时间凝望远处天角的云朵；可以拥有很多时间静静地用肌肤去倾听湿润的土路上由远及近的马车轮子的吱扭声；她可以拥有很多时间一边在厨房里怀揣心思剥着豆角、一边等待一封渴望已久的书信，或者等待一个用信函相约了半年之久终于快要抵达的友人；她可以拥有很多时间把她那一双没有发达的交通工具可去乘坐的双腿安静地蜷卧在座榻之上领悟一本书……

往日，时间的疏松使得人们的感觉与思维密集，而今，生存的紧迫与焦虑压缩出来的一些人，只能是拥有麻木的神经、空洞的感受以及一份对实利社会疯狂进取的畸形的野心。

谁掠夺了我们的脸

难受了整整大半天，吃了无数种药，到了晚上终于稳定下来，疼痛也渐渐消失了，觉得身心交瘁。这时已是大年三十吃年夜饭的时候了，母亲、哥哥和哥哥的狗都在那边的房间里边看电视边吃东西。我摇摇晃晃爬起来，喝了半杯牛奶、吃了一小块素面包。

电话铃声响起的频率已开始越来越高，我知道到时候了，那铃声令我心倦神疲，烦躁不安。现代人真是太容易了，那边的人脑子一想，这边话音就到了。

有时候，我甚至觉得，太容易的事物，带来的就不再与深度有关。缺乏节制的现代人的内心已慢慢失去了积淀的能力。有些事情，往往在失去了难度的同时，也失去了分量……信息时代是如此地轻而易举，甚至如此地浮闹！

接下来的一段时间，我便完全地被电话占领了——一场轰轰烈烈的"拜年运动"就在大年三十晚上8点多钟正式拉开了帷幕。我一手握住话筒，另一只手垂在腿侧攥紧拳头，嘴里连声说着谢谢你，心里却呐喊着快说再见吧。

晚上9点多钟，在征得家人的同意之后，决定把电话关上。可心里又牵扯着什么放不下，担心好朋友的电话也打不进来了。最后，终于还是关了机。然后服了舒乐安定和胃复安，踏实地躺到床上。

我一边在脑子里权衡着电话这东西给我们的生活所带来的便利和使我们的内心所失去的，一边信手翻着一本闲书。书上谈到，一个人从出生的一刻起到死为止所能遭遇的一切其实都是他本人事前决定的，因此，从某种层面讲，一切疏忽都是经过深思熟虑，一切邂逅相遇都是事先约定，一切失败都是神秘的胜利，一切死亡都是自尽……

患得患失中，我想，其实电话这东西所造成的矛盾局面也正是我们制造和想要的，是我们自己想要如此，怨不得别人，只不过我们有时并不十分清楚或不肯承认罢了。

然后，觉得是自己有些矫情了。放下书，慢慢睡去，如同那台被拔下电线的话机一般终于与现实生活切断了线路。

我和另一个我

在日常生活中，我心里经常被一些复杂而莫名的感受填得满满的，以至于身处任何一种周遭环境之中都感到有点不吻合，都不能完全落到点上，无法完全进入状态，有些茫然若失，似乎心在别处，在某个"远方"。读书、看电视、吃饭或者做家务也显得神思恍惚，甚至有时候家里来亲戚与母亲聚会，我竟会找理由一个人跑到街上去买东西，胡思乱想瞎走半天才回来。

许多年后，我才发现，原来是身上随时并存着的"另一个我"在作怪。

晚上，聚会散了，我回到自己的房间里，心似乎才踏实下来，两个我仿佛都落到某个位置上。邻居家电视的热闹之声从我微掩的窗缝钻进来——这种远处的喧哗与近旁的静寂，总是对我构成一种复杂而且难言的心理状态。记得小时候看电影《红楼梦》，春风得意的贾宝玉正在锣鼓喧天、灯红酒绿、觥筹交错之中举办着婚庆大典的时候，镜头忽然一转，落到凄凉的秋雨中黯然而萧瑟的潇湘馆，纤瘦苶弱的林黛玉病卧于床榻之上，疾恨交加，病体难支，她内心的感受自不待言。记得小时候，这一段看得我潸然泪下。今天再看，虽然这个镜头古典得令现代人所不齿，但远处的喧哗与身旁的寂然这一掀动内心复杂感受的意境，依然终生难忘。我想，这就是一种与灵魂有关的内心活动吧，一种由我和另一个隐蔽的我共同参与的状态。

我的情形不知为何有时就处于这样一种对一个莫名的"远方"的思虑之中。

但是，倘若我已置身于上述所谓的"远方"了呢？那么，我依然会继续思虑"远方"。

比如，平时，思念的人终于遥远地来到身旁，我有时候却不知说什么，依然愿意沉浸在思念之中，仿佛近在咫尺的切肤的存在，并无法消释内心深处的思念。这一活灵活现的人的直观性似乎与自己灵魂深处那种隐性的东西，无法同时在此刻得以实现，对这个人由于距离而产生的深深的思念并不会因为这个人的在场而消失。它们似乎是在两股道上——一种情形是在可见可感的平面上完成，另一种情形在看不见摸不着的心底里涌动。

于是，我会说："我想你。"

答："我不是就在这里吗!"

我说："那不一样。我依然想你。"

仿佛被思念者是两个，一个在场；另一个避匿在很深的"远方"。其实，真正的原因也许在于，我并存着另一个隐蔽的我，一个我在他面前，有着真实的躯体和感觉；而另一个我，在一定距离之外的隐蔽处，现实的手怎么也无法抵达。

再比如，有一年，我终于抵达了渴望已久的温暖的友人身边，我的指尖、眼孔、额头和耳朵到处是友人缠绕相连的情谊。然而，我却经常站立在窗口，惆怅地眺望远处阴霾的天空、红瓦顶以及大片无人的草坪，如同一片断梗飘蓬的孤叶，满腹心事，抑郁寡欢。我已经到达了思念的"远方"，却依然深深思念着"远方"，整个欧洲低垂的绵绵雨雾仿佛都浸满我的双眼。

这里，仿佛此"远方"与彼"远方"不是一回事。或者，我仿佛同时是两个我。一个我，包裹在友人感性的温馨之中；另一个我，有时候宁愿关上自己的房门，独自沉浸在由假想的距离造成的思念当中。

……

这样的例子不胜枚举。我有时候觉得，这种"远方"的看不见的在灵魂里涌动的事物，比近旁直观的事物更为深邃，也更难以抵达。

生活中，这种奇怪的莫名的"远方"总是牵动着我。但其实我知道，

"远方"哪儿也不是，它不过是一个假想物，一个大幻想——它是我们内心中冥冥守候的一个人！

其实，它就在我自己身体里边莫名其妙地秘密地存在着。任何牵动我心的事物，都会成为我自己的"远方"。

现实的人们在惯性中生活已久，几乎忘记了一点："我"和"一个隐蔽的我"经常同时并存。

人有时候同时也是另外一个人。

谁掠夺了我们的脸

身在别处

我已经有许多年谢绝任何形式、任何名目的"作家笔会"了。为了控制自己的好奇心而不被邀请人的煽动所诱惑，我硬是把"不参加任何作家笔会"的"标榜"，白纸黑字坦然地公布到文章里去，即作为自我的约束，也作为"请别来找我"的歉意提示（就算是自作多情也罢）。虽然我偶尔冲动有过一次半次的违约，但每每总是提前要思想斗争好几天，像是准备去吃"禁果"或者冒险去吃江南三月以后的河豚一般。

我害怕参加作家笔会的原因有四：

首先，来自我天性方面的困难。试想，每日永远都掉在人群堆里的生活，是多么的劳累啊！在我的感觉中，当绵延不断的人影无间歇地在你身边晃动着，当人们的语声失去"休止符"地长久在你的耳畔鸣响着，这对于一个过惯了平凡安静、家居日子的我，无异于是一场"吞没"和"争战"。正如同人体营养过剩会导致一种富贵病一样，完全失去自我规避的长时间的群体欢乐，对我来说就是一场精神的"奢侈病"，一场神经系统的洗练、磨难甚至是浩劫。大家不停地戏谑发噱，贫嘴着、调情着、戒备着、"牛"着、"熊"着、"荤"着、"素"着、墨韵书香着也镇江米"醋"着……虽是一番热闹非凡景观，但也煞是劳累自己的耳朵、"嗅觉"以及面部表情们，无论外出参观、餐桌相见，还是回到"下榻"的宾馆饭店房间里，几乎没有一时属于自己的私人领地（通常是两人一室），没有一刻可以拿掉各种各样"表情"的个人空间，即使洗上好几遍脸，脸孔上也依然如同僵持着一层挥之不去的"硬壳"，洗也洗不掉。更没有一会儿时间可以退回到自己思路走廊的

"内部"，静心整理或反省一下属于自己的什么问题——而这个习惯嗜好已经成为我日常生活的重要组成部分。非此，我便总觉得自己的脚没有扎扎实实地踩在大地上，而是悬浮在半空中。

在这样的一种"群居"的旅游活动中，可以说，你只有在用卫生间的时候，上帝才会赐给你短暂的独处机会，使你那绷紧的神经得以瞬间的松弛和清静，"形而上"才得以艰难地降临。

我近日看到一篇短文，他说，在这个忙碌的时代，只有在上厕所时才得到片刻的安宁。我们只能在厕所里接待上帝了。上帝在厕所里，这已不是一个玩笑……

我心领神会。

其次，不喜欢参加作家笔会的缘由还来自于对"柏油文化"的反感。现代人无论走到哪儿，总是大家忽啦啦一窝蜂马不停蹄地由一个风景点飞奔到另一个风景点，而我每每却没有太多兴致，仿佛在完成任务一般，心里一点也不想呐喊"人生多么美妙啊"！但无奈，只能被动地跟着"大部队"统一行动，不得擅自"特立独行"。因为我不识路，不懂得东西南北，只知前后左右，而这种初级的"小儿科"方位概念，在地理学上是根本无法确定位置的。尽管我每到一地，第一件事就是在自己的衣兜里装上一张字条，以备不虞，上边写："××宾馆，宾馆旁边有一灰白色厕所……"但是，我依然会走丢，且找不回来。所以，只好听话地跟着"大部队"，按照当地官员的引领，一同被安排着、被款待着、被人（文学爱好者）"久仰久仰"着。

因此我对于这一种"柏油文化"——与很多的人一路喧哗着结伴而行，用最快的速度、最短的捷径，跑完最多的风景点——式的旅行，毫无兴趣。

这般匆忙的旅游，往往像打仗时"抢占高地"似的冲杀着行进，哪里有时间上厕所？即使用厕，也是公用的，往往大家排队一起去，哪里还见得着上帝！

其三，在这种"柏油文化"式的作家笔会旅游中，最最害怕的当数那一

谁掠夺了我们的脸

种真真假假的"恳谈会"。人家十分审慎、谦逊也格外耐心,从小城建设、大桥长度、江上造田、学校教育、计划生育、鱼苗养殖、防洪垒坝、治安管理、住房面积、水上花园等等,方方面面林林总总各个环节逐一汇报,然后掏出小本本和圆珠笔,做记录状,听取远道而来的作家贵客们的"箴言训语"。遗憾的是,我们极个别的老人家过于"忠厚老实",或许是当领导做惯了报告,或许是给文学青年"斧正"惯了,反正是顺着人家的"奏请",就铺天盖地耐心又耐心地逐一建议斧正、高睨大谈、不吝指教起来。毕竟是"作家",个个辩才无碍、鞭辟入里,结果此唱彼和,发言连绵不断,诲人不倦,恨不得毕其功于一役(会)。

逢到这时,吾辈后人便屏声息气,如坐针毡,眼睁睁地看着那"不说白不说,说了也白说"的挡不住的热情,干着急,无可奈何。

其实,你老人家一个远道而来的外乡人、外行人,到了别人的小城,戴着彼情彼景的"有色眼镜",浮光掠影地看了那么一点点,听了那么一点点的"皮毛",哪里晓得人家的此情此景?!

坐在那里,备受煎熬。

所以这一种"恳谈会"期间,我经常频频光顾厕所,左一趟右一趟。人家便问,你怎么老去厕所啊?我答曰,喝水多的缘故。

其四,害怕稿债。俗话说,吃人家嘴短,拿人家手短。所以,心里总觉欠了人家的。

回到家后,往往电话铃一响,就以为是催稿来了,犹豫着迟疑着常常不敢拿起话筒。在自己家里也居然像做贼一般心虚胆颤。

于是想,不如自觉地坐下来,写字还债。若正赶上思路枯竭,感觉滞钝,也只能冥索苦思,煞费苦心,没的写硬是写,不写也得写,终日仰屋著书,笔耕砚田,昏天暗地好多天之久……

这样一来,不仅离家在外旅游时只能躲在卫生间里见上帝,就是回到自己家里之后,明明是可以关上房门安安静静一个人独处了,却依然没有办法净心见上帝。脑子里装着事，终日负荷重重，焦虑不安，结果，连躲在卫生间里也见不着上帝了！

当然，我上述所写的这种旅游乃是特有的一种"群居"式的旅游。不是那种独自漫走、独行其是的旅游，那种对以往所熟稔甚至厌倦的人物景致的脱离、隔绝与规避，那种去享受一个"离去者"的漂泊与孤独的心境，或者是到异域他乡有可能的萍水相逢的奇遇、新鲜与怡然，一种远处而来的戴着墨镜的旁观者悠闲……

布洛亚德曾提到一个说法，他说，旅游就像外遇一样给人以诱惑。而另一位西方作家则说，所有的人都有一种"离心倾向"，一旦有了旅游的癖好，我们就像情人想同居一样，想方设法去实现旅游的愿望。

他们所说的旅游当然不是我所写的这一种"旅游"。

那一种单独的或者与相爱者（起码是相投相契者）结伴而行的旅游，则完全是另外一番感受了。天壤相异。

我期待着那样一种单独的旅行，在那种欲晴欲雨的天气。

记得蒙田曾说过，风力若没有树叶的阻挡，本来显不出那样的强度。生活也不过如此，若没有那么多的磕绊和难度，也许就显不出那么多的滋味。

我与生存

一个自尊、可信而成功之人，必定是严格守时、守约的，他们言简意赅，言则必负，谨言慎行，尊重别人其实是自珍自重。那种轻易以没办法为由而食言、毁约，惯于显摆、说大话、水话、拉关系，或者总是以客观原因而随便迟到和给别人带来不便的人，必定是不够自尊且无能成大事者。

我们的成熟与天真

英格兰这个不大的岛国，是与我发生过深刻交谈的地方。

十年前，几乎整个英格兰踏满我深深的足迹，我的忧郁在此疯长。没有什么能阻挡我的忧郁与疯狂。十年之后，当我此次的欧洲之旅一点点向北，在布鲁塞尔绿草茵茵的土地上，当我驻足在那曾经刻骨铭心的经度时，我的目光穿越了近在咫尺的英吉利海峡，向着西边的岛国眺望，似乎是眺望那永不复返的青春！

有一瞬间，我的脑中划过了李商隐的《锦瑟》：锦瑟无端五十弦，一弦一柱思华年……

但，仅仅是一瞬间。

如今，我早已没有体力支撑二三十岁的疯狂了。我愿在此暂且放下有可能发酸的关于"思华年"的诸多沉缅与感怀，引出我所想到的另外一桩不相干的文化事件。

英格兰有一位以"坏男孩"著称的设计师叫做 Mcqueen，他是一个在伦敦街头长大的满口粗话的"脏小子"，一个满身反骨和叛逆的愤怒青年。据《主流》杂志上署名"各个"的作者介绍：他善于激怒公众和媒体，他把"我是王八蛋"缝在衬衫上。当有记者要采访他时，他说，"来吧看看我的屁X。"（对不起，我在这里不适宜引用他的原文）。他的放荡不羁的以无产阶级的无礼姿态为出发点的设计，完全是对以往过分精致、华丽、高级的时装趋势的彻底反动。专家们认为他创造出了一个具有时代气息的全新意象。

我不提倡粗俗！我喜欢一切文明的气息，无论精神的还是物质的。在这里只是想说，这样一个一身反骨的天真的家伙，居然在彬彬有礼、绅士做派和庄重成熟的英格兰，得到了"英国年度最佳设计师"荣誉！

我和同行的朋友一路谈起我们中国式的所谓"天真"与"成熟"。我说，莫非我们依旧不肯放弃"天真"？抑或我们骨子里拒绝某种"成熟"？在我们这样的年龄，莫非潜藏着某种"活到老矫情到老"的趋势？

我这里所谓的"天真"或"矫情"，也即是指我们主流社会常规意义上的那一种"幼稚"。很多时候，我宁愿认为，它是对于人们普遍认同或屈从的不合理的现实的一种过激的排斥和抗议；它是一种依然故我的不肯同流、不肯妥协的决绝；它是怀疑主义者"我不相信"的灰色眼神和手势，一个扭过头去的体态；它是宁愿势单力孤也不肯趋同从众的单纯的姿势。

当大多数人屈从于现实中的某种不合理、并且已经麻木不仁感受不到这种不合理、感受不到作为一个人的尊严被轻慢践踏的时候，多年前有人说出"千万别把我当人"。从这个意义来看，就会让人体味出某种"辛酸"！

有人曾经写《中国人你为什么不生气》。我想说：因为我们中国人的天真太少了，因为我们中国人普遍的人际哲学太发达、太"成熟"了！以至于认为，只有天真的傻瓜才生气、才愤怒！

我们身边经常看到的却是另外一种"成熟"：单位里一场会议发言说下来，往往滴水不漏，八方玲珑，面面俱到，你听不出一丝他自己的声音倾向，哪怕是弦外之音，哪怕是一闪而过的枝蔓；当这种"成熟"面对庞大的人际关系体系中的是非曲直、敌人或盟友之时，可以不动声色、了无痕迹；这一种"成熟"甚至是对处于强势的敌人的热烈致意、投其所好以及对弱势的盟友的面无表情、无动于衷……说到底，这一种"成熟"就是老于世故、圆滑自保、老谋深算。具备这一种"成熟"的人，是你永远都不知道他是谁的人！

（注：此处带了引号的"成熟"，并不能涵盖和抹煞成熟一词的真正内涵。）

其实，我想看到的是，让身边所有纯洁的人甚至是天真的人，来新鲜我们国家的血液，明朗我们善于揉沙子的混浊的眼睛，透析我们暧昧不清的血脂！

我还想说，我们偌大的国家，拥有寥寥可数的几个愤怒青年不见得是坏事情！所谓"天真幼稚"的艺术家的反骨也一样不见得是坏事情！任何新事物，都是建立在对传统的旧事物和旧秩序的变更发展甚至是破坏毁灭基础之上。

说到底，我根本从来就不认同"天真幼稚"这个说法，可是我只能在此无奈地借用它常规意义上的指代。除此，我找不到可以替代这种"指代"的确切词藻。

容得下天真的 Mcqueen 的成熟的英格兰，我向你真正的成熟致敬！

我们所缺乏的从来都不是那一种带引号的"成熟"，我们所真正缺乏的恰恰是一份明朗的天真，一份英格兰式的绅士般深厚的成熟。

"软骨"哲学

　　我经常会在从人群返回家中的路上，随着脚步的延伸，蔓延出一些零碎的想法，这些想法常常带着热乎气、来不及我用行动在冷静的生活里沉淀，就像一阵风似的刮落到我的稿纸上来，似乎一转身那些想法就会从生活的指缝间溜走。有关"软骨"的哲学就这样倏忽而来。

　　铮铮铁骨、威风凛然、刚直不阿这些与硬骨精神同声和气的词藻，历来被中华民族视为可歌可泣的美德，譬如烈女刘胡兰、文学斗士鲁迅，再譬如那位"蒸不烂、煮不熟、捶不扁、炒不爆、响当当一粒铜豌豆"的关汉卿。长久以来，我的确对他们充满敬仰之情。这一民族气节早已在国人的光荣榜上板上定钉，燃烧成坚实的雕像。

　　我却要说说"软骨精神"。

　　吃日餐的时候，我很喜欢一道菜——鸡软骨，它既是骨头，又可以咀嚼得动。而坚硬的猪骨或牛骨，虽然更具营养价值，但常人无法咀嚼和消化，尽管可以煲汤喝，但是骨质中钙含量的流失显然存在着损失。所以，物质的软骨具有无可非议的实用价值，这一点早已是不争的事实。

　　而精神的软骨则不同。在我们中国，它历来被我们的主流社会视为卑劣下作、无耻低贱的品行，以"软骨病"、"软骨头"为证，这类称呼充分显示了国人对其行径的高调不齿，以及不问青红皂白的蔑视。

　　我想冒天下之不违，说一说"软骨精神"深含的价值。

　　倘若，我们的思路从勇往直前的古典主义康庄大道上，换上一条曲径通幽的、甚至逆行回转的、然而却是殊途同归的旁支侧道的话，从另外一个角度看待"软骨精神",便会体味出它内在的深远的价值。

首先,"软骨"具有明确的本质和指向。软骨也是骨头,它不是无骨,它比硬骨凌霄或者刚烈反骨更具韧性和弹性,毛泽东在游击战16字方针中曾提到,"敌进我退,敌退我进。敌驻我扰,敌疲我打。"这就是迂回,这就是心理术。什么叫以退为进?什么叫妥协的力量?为什么不可以向敌人假装"示弱"?难道只有飞蛾扑火、自投罗网、急于献身当烈士,才是唯一的忠于信念的选择吗?骨头的软或硬是形式,是精神的外衣,穿上不同的外衣这个人本身并没有变。关键在于,我们要明确,到底是要消灭自己还是战胜敌人?刚烈诚可贵,爱情价更高,若为自由故,软骨也无妨。

其次,软骨精神具有幽默的风骨。记得文化界曾有一个关于七七四十九还是七七四十八的例子。与"七七四十八"的人急赤白脸地争辩"七七四十九",愚蠢的不是这位"七七四十八",而是那位"七七四十九",因为这种争辩降低了自己,一争辩就不幽默了,甚至一争辩就输了。群众的眼睛是雪亮的,"七七四十八"已经在众人面前自取其辱,多大一个"笑话"啊,多有趣的节目啊,教育了观众,反衬了对手,多好的效果啊!谢他还来不及呢!

再次,软骨精神具有策略性。倘若你在某一个单位、某一局部的体制当中,"七七四十八"恰好是决定你生存荣辱的人,强权之下,他说煤球是白的,你赴汤蹈火喊出真理,宁为玉碎不为瓦全,然后以身"殉"职,这当然壮烈;但倘若你暂且闭紧嘴唇,韬光养晦,保存实力,委曲求全,让"煤球是黑的"在心中默然地日益膨胀壮大,也不失为一种策略的选择。我们只改变我们能够改变的。我的一位朋友有句话说得好:"什么都动不了的,让自然规律动它。"什么是自然规律?那就是人们心里都认定的"煤球是黑的"。

等等……

我这里不厌其烦地谈论"软骨哲学",并非否定铿锵硬骨,亦并非主张放弃原则,而是指在某种特定的情形之下,用隐忍迂回的方式,赢得自由,赢得胜利。当然,最重要的,旨在从个性上说服我自己。

记得小时候，家里的亲戚有时从母亲那里问起我，经常说，"那小驴儿（指我）最近是顺毛还是尥蹶子呢？"可见我从小就对循规蹈矩的生活呈现出温顺和反叛的两面性。直到今天，骨头中可能仍然蕴含着外柔内刚的一面，具有飞蛾扑火、宁折不弯的当"烈士"的某种潜质。时光荏苒，星移斗转，虽然星星还是那个星星，但我那个思想的穹隆已成长得异彩纷繁。

激勇的飞蛾或匹夫的确不容易，而苏武牧羊、隐忍求生更不容易。所以，我现在更崇敬那种心里装着信念却卧薪尝胆坚韧地活下来的人！

"硬骨"的燃烧释放，是一种辉煌壮烈的品质；"软骨"的颔首蓄积，也不失为一种明智的修养。褪掉了光环和浓焰的"软骨精神"，犹如一件低调的素衣，有清凉的景致，有温婉的余地，而衣服里边包裹的骨头，棱角隐含，重剑无锋，然而它依然是骨头。

当我们抚摸昔日历史那伤痕累累的面庞，当我们探身今日人性那微妙复杂的斑斓景象，我们就不难看出，"软骨"中蕴含的"妥协"其实是一门艺术。从某种意义上说，一个成年人，就是懂得某种妥协的人。在这个现实的世界，懂得某种妥协，就是选择了自由；甚至更大的妥协，就可能获得更大的自由。只有内心勇敢的人，才懂得这种妥协的力量；只有意志坚韧的人，才懂的这种"软骨"的刚硬。我甚至要说，它其实是一种成熟而深刻的人生哲学。

在国际政治学领域曾有人把"力量"区分为"硬力量"和"软力量"。倘若，我们按此逻辑区分的话，那么，"软骨"也算是一种"软力量"吧。

夜是那样的深了，在这种光线里，我忽然感到纸页上的字迹半明半昧，像是往昔的论断，又像是未来的决定。我开始对自己疑虑，不知道这样的"软骨"能够在多大的现实生活的广度上舒展。

何为真假

A　真小人与伪君子

身边有些事情，经常使我联想起一则笑话：

救生员说："终于抓着你了，你不可以往游泳池里撒尿。"

撒尿者说："大家不都是在游泳池里撒尿吗。"

救生员说："可是没有人像你一样站在跳台上往下撒啊。"

撒尿者说："可是，其效果是一样的啊。"

如果说，在跳台上公然高调撒尿者是真小人的话，那么，在水池子里偷偷摸摸撒尿并假装没撒尿的人就是伪君子了。

有些时候，真小人无耻得连伪装的外衣都不要了，还不如知羞的伪君子；

有些时候，真小人的意图其实不是在做小人，而是揭穿伪君子罢了。

当伪君子正气凛然、义正辞严、神圣不可侵犯之时，有人只好蹲下身来恶作剧般地冒充"小人"。

似乎，装小人的越来越多了。

只是，像雾和霾，难以分辨。

很难说什么是完全清楚的，一如很难说什么是完全不清楚的。

B　真凶悍与假厉害

我家的爱犬三三是一只善良、慈厚而且胆怯的狗狗。但是，它天生一身黝黑锃亮的鬈毛，体魄英俊而矫健，并拥有一副雄壮浑厚的嗓音，叫起来威震四方。所以，不熟识狗性的陌生人倘若在街上猛地遇到三三，便会不由自主地退避三舍，敬而远之。

其实，三三因为从小极少出门，见的人和其他狗狗都少，所以每每出门它总是心生怯懦和恐慌的。我偶尔带它出去散步的时候，一遇到有人或狗狗试图靠近它，哪怕是友好的逗弄，它都会狂吠不止，有时还发出呜呜的威胁声用来吓唬人，威慑力很足的样子。似乎在警示靠近者，说："我厉害着呢，你们别靠近我，都离我远点啊，再靠近我就愤怒了!"

三三的架势的确吓退不少不知情者。

可是，我知道它，知道它虚张声势的"防御"里掩饰着多么怯懦的心——只消我用手轻轻拍拍它的脊背就会触摸到，它的身体正由于内在的恐惧而微微颤抖呢!

可怜的三三啊。

以我对狗性的了解，真正凶悍的狗狗是不动声色、更不轻易出声的。

想来，人亦如此吧。

C　真科学与假文明

近日，我看到一则报道，甚为忧虑。

美国内华达大学教授伊斯梅尔·赞贾尼历经 7 年研究，创造出全球首只人羊嵌合体，这项研究利用向绵羊胚胎注射人体干细胞的技术，成功培育出一只含有 15% 人体细胞的绵羊，两个月后，它就会长出含有人体细胞的肝、

　谁掠夺了我们的脸

心脏、肺等器官，有望给需要器官移植的人类患者带来福音。生物科学家们为此发生了众多争议，有的说，动物的休眠病毒可能会被引入人体，给人类带来生理上的梦魇。还有的说，人体细胞和动物细胞最终结合到一起，可能产生人羊"混血儿"，引发社会伦理危机等等。

我看到了那张"人羊"的图片，看到了它那向我们人类发出的哀求无助的眼神，它像是努力记住什么，又像是努力忘记什么。那茫然的凝视和忧戚的脸，似乎是千言万语，摄住我的心。

就我所看到的所有相关报道，都是围绕着"人类中心"这个视角展开的，也即是立足于动物是人类的试验品这一立场。可是，我想冒昧地问一声：科学家们，你们可曾站在羊的立场思考过呢？你们可曾听到羊是怎么说的呢？你们作为人类文明的精英份子，打着"以人为本"的旗号，在为着一种生命谋福音的时候，却是以对另一种生命的残暴践踏为代价，这样的"人类中心主义"未免太狭隘了吧。我们人类作为最高级的生命物种，作为智力最发达的文明的化身，却手握屠刀，生灵涂炭，让地球上所有弱势物种的生命都听任我们人类欲望的宰割，这样的"科学观"在更为宏大的宇宙观中未免太渺小了吧。

我们人类弱肉强食的行径已经很多很多，见到草原上低头吃草的牧群，立刻想到把它们变成供食的肉类，成为我们的盘中餐；见到茂密的森林树木，立刻想到把它们夷为平地，变成我们的房屋和桥梁；见到垂流直下一泻千里的瀑布，立刻想到的是电力、马达和机器……文明和科学的方向是什么？它应该是引领我们一步步走出人类对自然的强权和暴力，一步步走出我们人类自身的局限和不完善，而不是发展和膨胀我们的欲望啊。

难道我们人类的生存不是以地球万物的和谐、甚至以宇宙万物的和谐"为本"的吗！

我私下以为，"人羊"一类的科学研究还是少做为好。治病救人当然重要，但是可以寻求其它途径。因为这样的科学，正在把我们引向假文明的歧途。

何为输赢

有时候，一些念头犹如一片云朵忽然掉落下来，星星点点，片片段段。

朋友带给我一本书，有关人生疑窦之解难。对于这一类纸上谈兵，在我早年青春期时候，已读过太多。时至如今，我对此一类人生教诲之谈已颇有些不以为然了——因为纸上谈兵我是会的，甚至我向来谙熟于此，而在现实中能否运筹帷幄、游刃有余，能否如鱼得水、八面灵光则是另外一桩事。

近些年我似乎豁然通透了一些，即便是哲学家把牛角尖硬往我身上套，我也不敢轻易往里钻了。

现实的无奈教会人从容，教会人幽默。这肯定是比青春期的叛逆抵抗更为高级的人生姿态。有些事不到四十岁你就不会体味到它的价值。现在，以良善对阴险、以无术对谋略，以微笑对愤怒，以无心对诡计，以视而不见对虎视眈眈，似乎成为我以不变应万变的姿态。

首先，这般姿态未必就输，拳头打过来倘若没反应，也就等于落了空；其二，人家为了获胜，绞尽脑汁，殚尽心机，劳累不堪，所赢与付出的脸皮厚度也算相当，甚至其不择卑劣手段，自身人格的污损更是虽赢犹败；其三，人生要输得起，您即便胜算于一时一事，即便把全部好处独揽于己怀，可人们诚服与赞赏的口碑在哪里呢？

所以，输有输的干净，输的舒心；赢有赢的龌龊，赢的无耻。

说到底，人生何为输、何为赢呢！

真实的可爱

听说日本的一个电视台有一个热门节目，就是专门收集新闻节目中主持人的失误，譬如念错台词或者把话筒掉地上之类，以此结集而成了一档节目，结果出人意料地受观众欢迎。

另外，还有一个例子，也是日本的一个主持人，有一天他很疲倦，刚进演播室就对着观众说道，"星期一的早晨真让人难受啊。"日本这个国家由于文化渊源的缘故，在意识形态的某些方面和我们国人有相似之处。所以我们可以猜测得到，后台的编辑策划们立刻冲进来，慌忙告诫他，不能这样说，应该说多么美好的星期一早晨啊，让我们奋发努力，加油加油，过好这一周吧！这个主持人问，你们真觉得星期一早晨愉快吗？大家望着满满的一周工作日程表，说，当然不，可是我们对观众只能那样说。最后，主持人坚持说真话，没想到看到这档节目的观众无比开心，充满了干劲。

我个人也有类似的经验。十几年来，我写字基本上是用电脑的智能拼音，偶尔用笔写字，写出来总觉得不像。有一次，我忽然问身边的一位朋友，晨曦的"曦"字我写出来怎么看着不太像啊？他笑得什么似的，说，大作家，我更"崇拜"你了啊！

另外一次，我和一位女友从赛特购物中心出来，我们分别找到自己的车后，便站在路边商量着再去王府井看看。我想了想，忽然问，王府井怎么走啊？女友先是愣了一下，然后使劲搂住我的肩，说，我好"崇拜"你啊！没人相信你是北京长大的，你跟着我走吧。

有时，真实，可以让缺陷也变得可爱。

半场人生

我的朋友阿瑟有一种感官主义倾向，注重日常起居的感性知觉。平日，我们一帮一伙的朋友聚会，只要有美酒、佳肴、靓女，他定是要出席的；而我，每每总是更关心聚餐中的交谈是否有意思，是否有点质量，至于美味倒居其次。

阿瑟常常嘲笑我不懂得生活，说一个"品"字胜过所有的交谈。譬如啤酒，那第一口冰凉的麦香进入口腹之中顺流而下的美妙，是任何"精神"无可替代的；譬如葡萄酒，他喝十年以上法国的抑或欧洲某几个国家的，黄酒也得是古越龙山8年以上的才算起点，那种融化在口中的醇厚以及浸润肺腑的四溢芳香，让人品尝到岁月与光阴的无穷曼妙。譬如美食，他偏好日餐的精致与清淡，清淡是一种至高境界，与浓香厚重的大菜带给人的强烈夺人的口感不同，清淡中"素本"的意境是和身体融合为一的。至于俊男靓女，则是视觉神经的妙境，用不着加入交谈这种"形而上"成分。

对于葡萄酒以及日餐的爱好，我与阿瑟是相投的。但对于感官至上的价值观我始终存有保留，依然认为精神活动的参与是聚餐的一个最重要的内容。

前几天，看到严歌苓的一个谈话，大意是，我们的传统是非常注重感官的，面对高度的理性享受不太习惯（譬如读书等）。她还举例说，我们的舌头能分辨各种各样的质感，比如海参的质感和海蜇的质感，那种舌头和牙齿相碰撞产生的一瞬间的感觉，我们有发达的感官来区分。我们整个东方更容易沉溺于感官，而西方人则不能体会吃海参海蜇这种没滋味食物的妙趣。

我觉得她说得非常有道理，这使我第一次从感官享受与理性享受这个角

| 谁掠夺了我们的脸

度看待问题。

当然，我并不以为这完全是东方人与西方人的差异，主要还应该算是个体的差异吧。我们中国的哲学向来有"见物思物"、"见物思理"之说，前者也即是阿瑟向往的见鸟说鸟、见花说花、见有形说有形；后者，也即是我向往的见有形思无形之太极，见一物思一物之理，见万物思万物之理，见形下之物，思形上之理。

我想，这大致就是我和阿瑟们在餐桌上的不同"偏好"。

也许是我积年的写作习性，也许是多年的读书生活带给我的理性享受的惯性，我的理性享受的神经变得格外发达，甚至超出了我的感官享受。那么，我也在想，这是否意味着我作为一个感官的人的退化呢？而现实中的嘻哈阿瑟，是否早已谙熟一切、了然于怀，在浑然不觉之中已经抵达了"看山还是山，看水还是水"的更高境界呢？也未可知。

记得 80 年代海子曾写：
从明天起，做一个幸福的人
喂马，劈柴，周游世界
从明天起，关心粮食和蔬菜
我有一所房子，面朝大海，春暖花开

这样的蕴含精神的"物质"我喜欢，这样的拥有高度的理性参与的"感官"我喜欢。这也是我始终不能完全陶醉于当今的物质主义幸福潮流的重要缘由。

一场人生亦如一场餐宴。倘若把感官和理性围成一个圆的话，那么太多太多的缺失了"理性享受"的感官主义人生，其实是缺失了一半享受的半场人生。

在我们身边，越来越多的半场人生正在上演，越来越多的国人正在努力摈弃与文化相关的理性享受，轻装前进，奔向"钱"方。一个不读书的、日渐丧失理性享受的民族，将是丧失个人批判能力和创造能力的民族，将是一个愚昧浅薄的民族，这早晚成为我们国民素质的最重要的隐患！

生存的哲学

对于我来说，没有比身置表面熟悉、而精神内部却十分遥远的人群里更为胆怯的了。在这样一种人群里，我虽然依旧穿着衣服，也依旧在一处有遮拦的房间或厅堂里，但我却感到四处无遮，脸颊上的僵硬的微笑不具有任何内容，说着一些自己也听不懂的话语……越是努力与人群融洽，带给别人一份温暖或帮助，却越是像一个可怜的异类。

这实在是一个矛盾。

有一位德国的哲学家曾说："人整个的生存，可以说是别人赠送的礼物。"

这的确是一种聪明的说法。"利他"这种品质，在现代人眼中几乎已经等同于"利己"。这很容易理解，"利他"是为了更好地"利己"，"爱他人"是为了更好地"爱自己"。

出于生存的本能，我们是懂得一个人无论为任何理由而切断与外界团体的关系，都是在伤害自己，都会遭到生存上孤立自己的危险。个人与外界如果完全隔绝，那么个人的生存便会出现危机，就会枯萎和凋谢。我们身边的每个人都知道，他必须努力与周遭集体建立起某种相依相存的关系，使他个人的生存能够仰仗一个庞大而健全的秩序。

人们已经意识到，一方面人是独立的个体，只能依赖自己，这是唯一可靠而持久的基石；另一方面，个人必须依赖他人而存活。孤立自己、切断与他人的依存关系所导致的结果，只能是伤害了自己。

我们在理性上是这样看待世界的。但是，现实中，理性并不能主宰我们的日常生活。很多时候，出于对外部的胆怯，或者说，是一种心理方面的"残缺"，始终不肯冒险对外界做出探寻式的姿态，使自己有机会得以与外部团体中的伙伴发生真实的接触。这种恐惧感，直到今天依然如此。

有时候，我很难用自己的实际行动去响应这样一个事实：收敛或者放弃自己的个性化、个人化，把生命中的普遍化向外界彻底敞开大门，这就等于为自己的生存敞开了方便之门；而反过来，就等于为自己的死亡敞开了大门。

道理终归是道理，我的"行动"却像一个"未成人"，迟迟地走在我的"理性"身后。很多时候我无法依照我的理性来决定我的行为。

人群，对于我，就如同一个陡峭而光滑的斜坡，攀缘的艰难成为一个永恒的主题。

识　人

　　吴先生是一个画家，他从巴黎来。在他到来之前，他的滔滔不绝的声音已经从电话筒里为我大致勾勒出他的相貌，以至于为他打开房门的一瞬间，我无一丝惊讶。他大约 60 岁左右，个子不高，瘦瘦的典型的江南人样子。穿着亲切随便，肩上挎着一个装画用的帆布袋子。他一进门就热热闹闹的，把布袋子随便往地上一丢，像老熟人一般径自坐到沙发里去（尽管是第一次见面），然后就打开话匣子。在他把嘣豆似的哗哗啦啦的句子送到我的耳朵里之际，一杯热茶也被他咕咚咕咚送进腹中。既不拘谨，也不客套，但也决不是信口开河。吴先生大约迟到了一个小时，依我的习惯应该是很生气了。但是，从他进得门来的一瞬间，我便放弃了生一下气的姿态——对这样（貌似）大大咧咧的一个人，是生不起气来的。

　　吴先生讲话有一个特点，凡事都要有个来龙去脉。他说一张桌子，首先得从这张桌子的木头说起，继而是这种木头来源于什么树，再后是这种树产于哪里，它的特点又是什么，最后才会说到这张桌子本身。所以，他讲话圈子总是兜得很大。有时候，一件小事，其实三言两语就可以交代清楚，若是语言吝啬之人，或是习惯于电报语言的人，甚至只消一句话，就切到点子上。但话落到他嘴里，往往说得源远流长，一波掀起众澜，汪洋恣意。他习惯于一个话头引起另一个话头，而另一个话头又引出另一个，一环套一环，结果，一条细水就被扩展成一条大江，一条大江就被膨胀成一片汪洋。再做一个夸张的比喻，吴先生若是想说南极，他得从北极说起，然后舌头一转弯，就绕到东海，从东海再来个 180 度，又绕到大西洋，让听者在心里暗暗地为他捏一把汗，担心他圈子兜得越来越大，最后绕不回来。但显然这种担心是多余的，吴先生在他清晰的逻辑里绕够了，话音一顿，忽然就落到南极上了。

听者提着的心也随之落了下来，长长地呼出一口气。

我以前也曾遇见过这样的好人，这种热心人还有一个特点，就是问一答十，而且还经常地自问自答，你根本不用广泛地全面地展开你的疑问，你只消轻轻点其之一，就可以获得全部的回答。比如，你想知道一套房子的样子，你只消问客厅如何，他自己就会接下来自问自答：卧房是什么样呢？卧房如何如何。厨房是什么样呢？厨房如何如何。以此类推。吴先生就是如此。

我常常透过一个人的言语，感觉到一个人。印象中，大凡冷漠或慎重之人，语言都是简约、扼要的；精明的人几乎从来不主动说自己，总是询问、探听对方的情况；心虚没底气然而又有点浮名的人，习惯于夸夸其谈，指点江山，顾不上沉着与倾听，急于发表一些总结性或结论性的句子；而富有成就、德高望重同时又练达之人，说话往往比较内敛、节制，貌似随便，其实格外审慎，切中要点，且滴水不漏，感受多于结论，不轻易说出否定性的句子，留在肚子里的话比说出来的要多得多；青春期的人（并不一定指年龄，而是心理状态），一般容易夸张、极端、激烈，"恶心得要死"、"当场就晕倒"俯拾皆是，出言不逊，锋芒毕露，语惊四座，激扬而澎湃；圆滑而又不缺乏诚实之人，说话大而空，既落到要害处，又碰不到什么，让人抓不着辫子，闪烁其词，凭借听者的心领神会，似乎疱丁解牛，游刃有余……

吴先生的言语方式，是众多有意思的交谈方式中的一种。

谁掠夺了我们的脸

现实主义者的行走

　　我经常深深想念一句话："人应该从墓地回家的路上成为一个诗人。"
（一位诗人语）可是，我们是多么难得走在从墓地回家的路上啊。我想象那
小路应该隐蔽在头盖骨深处的密丛里，应该裹在薄衫和饥饿的里边，应该是
人们精神深处的另一处家园。

　　白天，当我们在密集如蚁的人群里，在物欲的角逐中，无论我们把眼睛
擦得多么明亮，也难以看到那小路。它深埋在身体的里边，只有里边的眼睛
才能找到它。可是，外边尖锐的光亮把里边的眼睛完全地遮住了，里边的眼
睛闭着，这使我们难以再像20岁时候一样做一个诗人。

　　我从土城路回家的路上是一个现实主义者，外表醒着，里边睡着。

　　对于我，如果你知道土城路通向哪里，你就会理解，一个人为什么无法
再成为一个诗人——土城路通向我的面包和牛奶，通向我蔽身歇息之所的房
屋，通向睡眠，通向每一天呼吸的空气，通向我瘦弱之躯的医护，通向工资
卡，通向物质的无所不在……

　　如果从土城路回家的路上都不能成为一个现实主义者，那么一定是疯
了。庞大的现实把我放置于从土城路回家的路上，我只有在想象中走在那从
墓地回家的路上，在夜阑人静或黎明降临的内省时分，一寸一寸细量着生命
的光阴。

处世的机智

　　我的朋友Y君非常年轻，平时他总是一路哼着小曲，伦敦雾的夹克外衣很随便地敞着，半新半旧的牛仔裤好像从来没有洗过，脚底下拖拖拉拉的，岁数稍大的人见了他，便拍拍他的肩，称赞一声，多朴素的青年！而年轻人见了他，又会被那一身名牌晃一下眼。Y到哪儿都显得恰到好处。

　　他手里总举着一个茶杯，随手从别人桌上抓一小撮茶叶，冲上一杯开水，一副你我不分、不拘小节、没心没肺的样子。他还会在最严肃最沉闷的场合，顺嘴说出一些得体而精彩的小段子，或是从别人那里偷偷拿来的妙语。比如他说，"沉痛是什么？沉痛就是面对别人的幸运而产生的一种心情。咱们这儿谁幸运了？"

　　于是，博得大伙一乐，气氛轻松起来。Y君仿佛什么都是信手拈来、收放自如、水到渠成。其实，他要说什么做什么或不能说什么做什么，心里明镜一般，即使是在某种场合说着言不由衷的话时，也绝对是滴水不漏、纤毫不爽的。平时，明里暗里话里话外的弦外之音，既听得清楚又说得明白。

　　每次见到Y君，我总是想起一个美国人说过的话。他说，一个人若是能非常谨慎地不谨慎，又能非常得体地不得体，他通常能获得极高的社会地位。

　　所以，每每私下里我总是盼着年轻的Y君有朝一日能当上大官，好去帮我收拾那种欺负好人的人。

　　当然，能当上大官也是很难的。一个人说一句假话并不难，难的是一辈子说假话。如今，少年老成的人越来越多了，看某人只有20岁，其实他的阅历已经80岁。我原来是不相信一个人可以永久掩饰自己的意愿、永久保持一种违背自己的价值体系的姿态的。事实证明我是错的。在人群里，有多少头脑在假装成为另外一种头脑！而且，这样的姿态正在从老成的少年开始。

我与情感

有一种人，当你终于被感动，开始珍惜他、离不开他的时候，实际上是你开始失去他的时候了。

所有的人、特别是一无所有的人，都喜欢做富有者
的朋友（无论物质财富还是精神财富），并且几乎无
一例外地喜欢不拘小节、不分彼此——我的即是你
的，你的也是我的（无论金钱、时间还是思想），这慷
慨逻辑的奥妙之处显然不言而喻。

人世间，温暖
为什么这样难

有朋友问，像我这种先天敏感之人，倘若在后天一个相对健康的环境中长大，能否阻断从问题儿童向问题青年、问题中年的延续？这个问题与宽恕有关。她说，从小她母亲就极为尖刻、严厉、冷漠，父亲极其软弱。若父母均为工农也罢，其伤害恐怕也只是较为粗犷，但父母偏偏又均为知识分子。使其伤害更加精致、细腻。在她最需要情感的时候，他们给了她无尽的伤害。以致于她终生与快乐无缘。现在，父母年纪大了，每每要求她关心他们的时候，她每打一次电话均要进行一场思想斗争。她说，如果连自己的父母都不能宽恕，我们还能宽恕谁呢？但问题是父母对她的伤害是终生的。一方面她依然承受着被扭曲的性格之苦，一方面却还要强颜欢笑地去照顾父母。

我非常理解她的苦恼，因为与她有类似的经历。

我不是一个"血缘决定论"的信奉者。在日常生活的关系中，我觉得温暖的、宽厚的、奉献的关系最重要，哪怕这种关系是非血缘的。以血缘决定我们的亲密或疏远是愚昧的。知恩图报与冷酷无情同样是健康的人格。来自一个亲人的关怀和惦念，远不如来自一位亲密的友人，这在我们现代人当中是常有之事。倘若我们不幸早亡，那么，我们有什么理由不把我们或微薄或丰盈的遗产当做爱馈赠给关爱自己的友人、而必须留给陌路一般冷漠的血缘家人呢？

我的朋友有句日常名言：彼此彼此！

现在，我愿意把它放在血缘关系上，我的血缘哲学是——彼此彼此。

我曾见过温暖亲密的血缘关系，正如齐格里德·克鲁塞在《踏上桥梁》中描述的那样：

> 他们四个人坐在
>
> 电视机前
>
> 平均每天四五个小时
>
> 他们不必注视
>
> 但是他们的手不断地
>
> 相碰
>
> 在一只盛有坚果的盘里

血缘的关爱是经过长久的积淀而来的，它是内心自发的果实。我以为任何一类缺乏感情积淀的自私自利的父母或自私自利的子女，倘若以血缘关系为由而向对方索取，都无异于一种敲诈。

除了我母亲，我几乎是在一个冷漠如陌路的家庭里长大，大概是由于缺乏，我至今有着强烈深厚的"恋父和恋母情结"。直到我 18 岁父母离异，才算逃离了"暴政"。我当时正值高考，在偌大的北京城，连一张睡觉的床都没有，夜晚就睡在办公室的桌子上，直到我妈妈的一位好心朋友借给我们一处废弃了的小寺庙里的一间极小的库房。我在那里住了四年，我的青春就在那里生根发芽。

有一次我跟妈妈去姨家，站在姨家夜晚的阳台上，只望见万家灯火，一片人间的温馨海洋。我独自站在那儿凄然泪下……后来，我对妈妈说，"为什么我们没有一个家？"

现在，父辈年事已高，对我开始表示适度的关心和慈祥，我自己也具备了不畏一切强暴的成年人的勇气。可是，这一生的残缺是永远抹不掉了。至于我内心的恩怨不想再提一个字！虽说"宽恕别人意味着解放自己"，但是"彼此彼此"的原则，是我克制自己能够做到的最大限度。

我至今最为痛恨和反抗的就是有人冲我大吼大叫，出语狂暴。家里没人的时候，我出门前与我的爱犬三三的悄悄话是："打倒法西斯，自由属于人民！"。

在一切强硬和暴政面前，我宁愿愚蠢地选择当"烈士"！让一切强硬和暴政见鬼去吧，我们只对温柔妥协！

记得我的一位书生同事，有一天玩笑间聊起他的家。他说他每天晚上都给他十三岁的女儿捶捶背，孩子读书太不容易了。他对女儿说，咱们家呢，你妈妈是你的厨师饭碗，我呢是你的勤务员。你妈妈是咱家一把手，你是二把手，我是三把手……我听了感动得心如刀割，眼里莫名地涌满泪水，转过身去。我觉得，无论他这一生是否成就非凡，他都是我心目中最好的父亲！他的女儿真是无比幸福！

有多少在冷漠家庭中成长的人，无论他（她）年龄多么大了，思想多么高深，事业多么有成，财富多么丰厚，他的内心一生都将是一个渴求温暖的脆弱无助的孩子！

我怎么舍得再见你呢

　　昨晚，我的一个朋友打电话给我，她的爱犬在医院早已宣布死刑的前提下，依然舍不得放弃，又坚持了一个多月的医治，终于在昨天，饱受痛苦的狗狗死在她的怀中，死得那样的懂事，那样的仁慈，那样的不舍！我想，它一定至死也不肯让主人为它揪心疼痛，为它内疚流泪。

　　我哽咽无语，竟然跟着流眼泪……

　　虽然，这是一只我从未见过的狗，但是，因为我的爱犬三三的缘故，天底下的狗都成为我的心痛，我听不得、也见不得我最信赖的朋友——狗狗们的任何悲剧。

　　第二天清早，我离家出门前和爱犬三三做了长时间的告别。三三是一只感性、深情而听话的狗狗，它用眼神死死抓住我的表情，无辜得像个茫然无措的孩子。我只有给它做好充分的"思想工作"，才可以在外边的不尽美好的人世间忙碌得踏心。它眼巴巴望着我离开家，我的后背能够感觉到它期待的目光。然后，它就卧在门口，开始了一天的期待。

　　外边阳光绚烂，小区拥挤的花园里绽放着夏日浓郁的花朵。我并不满意这个社区的环境，我喜欢那种有着大片茂密的树林、柔软润湿的苔藓，以及蔓延着半明半昧光线的清静之地，在棕黑色的石子小径路边，有着盘根错节的树根，寂静中你可以低头漫走，或者独自交谈，或者长时间沉湎。在我忧郁而感性的青春期，我曾怀着无以名状的激情沉溺于这样的幽境；岁月流逝，时光荏苒，如今，不再年轻的我，感到满身风尘，疲惫倦怠，理性上早已无所执著，但我依然愿意给自己找到一个这样的幽静安宁的藏身之所。

　　昨晚朋友的电话以及连日来身边发生的事端，使我此刻感到神思恍惚。于是，我试图观察晨光、树影以及荒凉的石缝间的水滴，以便转移注意力，如不这样，我的心思肯定跳不出那些糟糕的情绪——关于狗，关于我们人类。说不定就会落到某件忧伤的事端上去，或者那些我自己也预料不到的什么感觉上面。

　　我的想法有时是有点"失态"的，有时候忽然之间就把自己变成一个不成熟不老练的"病人"。在日常生活中，我总是让自己尽力和有用，好像唯此才算尽职尽责，才能保持家庭以及各种关系的和谐平衡，这常常使我倦累不堪和难过！更使我感到我们人类的某些狭隘和自私。当然，这种内在的情景外人是很难察觉的，因为它只在我自己的身体内部发生，然后被自己消化，直至消灭。

　　其实，我早已懂得，任何心事重重的人都会是健康受到损害的人。我常常想，以我的瘦弱之躯，有什么理由再让自己不顺从现实和顺应自然呢？有什么理由忧思多虑、百感交集呢？倘若上苍对我们仁慈，那就让我们人类的神经木讷一些吧。让多思的人们，闭上内心的眼睛吧。

　　我用力呼吸了几下绿叶旺草们坚韧而粗糙的气息，然后静心平息地对自己说，平衡的能力就是健康的能力，平衡的能力就是成熟的能力。我们必须学会不思索地生活。

　　然后，打开车门，钻进汽车。

　　上路后，我打开音响，正好是苏芮的《酒干倘卖无》，这是我熟悉又熟悉的一首老歌了，讲的是一个被捡来的女孩、一个哑巴父亲和一只忠诚老狗的令人心碎的故事。当我听到她唱，"虽然，你不能开口说一句话，却更能明白人世间的黑白与真假。虽然，你不会表达你的真情，却付出了热忱的生命……什么时候你再回到我身旁……"我的泪又涌了出来——我想起了我那不会说话的哑巴爱犬，和那些能说会道的人群……刚才说服自己的所有大道理完全失效。

　　镇静了一会儿，说服了自己一会儿，然后，只有继续上路，奔赴这个比狗狗们的世界复杂得多的人的世界。

　　我在想，十年后（如果三三足够长寿的话），我的爱犬将弃我而去，这当然不是它的本意。倘若它能够拥有足够的岁月可以活下去，它一定愿意陪伴我终其一生，直到安葬好我之后，它才会觉得有权利放心地离开这个世界。这当然是它力所不及的。

　　从宏观上说，我是一个悲观主义者，虽然眼前的每一天我尽量保持乐观主义的姿态。对于三三，"十年"这件事，一直是我的一个死结，我完全不知道该怎么办。

　　至于人，这种悲观有其必然性。记得有一位英国作家乔治·吉辛曾谈论过这类话题，大意是，任何两个人倘若不是偶然接触而是经常在一起厮守的话，那种表面的和谐下得暗藏着多少自我抑制啊。人，生来就不是与其同胞和平相处的。

　　我想，他所说的也是我们人类的局限之一吧。想一想，在我们和自己最亲密的人之间，发生过多少冷漠疏远、真真假假甚至背信离弃呢！我们有什么理由不能理解那种脆弱的人们宁愿独守安宁的生活呢！

　　我知道，在我一贯的思想脉络中，自由和悲观的倾向有点严重，这影响了某些人对于身为作家的我的认同。但是，这种倾向却从未妨碍过我本人对于人类的悲怜、仁爱和责任之心。这已足够。

　　有人说，现代人的感情方式有多种多样，"深情款"、"轻松款"、"交易款"、"娱乐款"等等。我常常感到自己活得太乏味，太单一了。除了第一款，别的似乎兴趣不大。这可能跟我大学时体操课不及格有关吧——"平衡感"和"内定力"比较弱项。

　　可是，为什么不可以呢?!

　　这么多年过去，我想，对于与人类相处的能力，我终究是有所进步的吧。"与时俱进"从哪个角度讲都是英明的决策啊。

记得，在我短暂的博客经历中，有一个令我难忘的留言，他说：也许，用离开来爱你，才是一种真正的"酷"，一生一世的、永不再见的离开……我怎么舍得再见你呢……

我时常在心里默默回忆这段话，并感动于这样的深重。

人类，我曾经爱过，未来，我想我会以更加丰富多样的善意方式继续相处。但是，对于狗狗，我似乎无能为力了，恐怕只能单一地停留在"深情款"上边了。

现在，我愿意把这段话送给我的爱犬三三：

也许，十年后你将不在我身边，我要让你在我的怀中幸福安乐地睡去。我将不再重新再来（再养一只），我怎么舍得与你重逢?! 我将会再一次失去你! 这样的刻骨铭心，一次就够了!

我会在阴雨绵绵的夏日或者悄悄落雪的熹微晨光中，经常来你的墓边看望你，回忆我们一起度过的令人惆怅的美好时光，这样的光线适于我和你低声交谈，你一定要用你那我所熟悉的善良的目光，看着我单薄的面庞；倘若有一天，我拥有了足够的财富做慈善事业，那么，我将对你善良的同类——我们人类最真诚的朋友，做出奉献；倘若几十年后，我终将衰老迟暮，我将不再选择与你的同类为伴，我在它们身上体现着对你的爱，因为爱你，我宁愿选择不再与你们一起——我无法承受独自丢下你，撒手而去；倘若有一天，我不再醒来，我希望将我与你安葬一起，那将是我最大的安全和慰藉!

我还要在你的墓碑上刻下那首聂鲁达的诗：

> 让我借着你的沉默与你说话，
> 仿佛你消失了一样
> 遥远而哀伤，仿佛你已经不在
> 彼时，一个字，一个微笑
> 已经足够

夏日里一阵细密的
风来自朋友的心

　　有时，我会在房间里走来走去，似乎不是为了舒展肢体，更像是为了抓住什么倏忽而来、稍纵而去的闪念。

　　记得多年之前，我曾经投合于那种与自己类似的善感多忧、伤旧惜古之人，偏爱那种性格上的缺陷与伤痕。随着岁月的流逝，在我走过了青春、越来越深地步向中年的时候，我的偏爱似乎转向了另外一种自然而从容的生命形态。我自身性格中的那种与生俱来的"多愁善感、郁郁寡欢"，不是消逝殒灭了，而是被一种更加成熟有力的人生姿态熔化一体了。

　　晚上，我就这样在家里走来走去，想想这个，想想那个。闷了一整天，我的思维仿佛被屋里的郁热感染了，急需打开一个通口。

　　于是，我拿起电话，准备跟好友小幽煲个电话粥。

　　电话响了半天，那边终于接了，小幽心不在焉地"喂"了一声。

　　只这一声，我便听出电话那边似乎有点不对劲，仿佛正忙乱着什么。

　　我迟疑了片刻，只听得那边的背景声音纷乱嘈杂，而且，小幽接连发出"唉哟……唉哟"的叫声。

　　我便说，"你没什么事吧?"

　　"我看世界杯呢!"小幽终于抽空儿说了一句。

　　然后，又没声了。

　　隔了一会儿，伴随着又一声"唉哟"，小幽终于大喘一口气，说，"好了，中场休息了。你这电话可真是时候啊。"

接着，小幽充分利用这个空档，不失时机地把球赛复述了一遍，情绪被自己煽动得相当的高昂。

坦白地说，对于我这样一个彻底的球盲，我除了听到一片铺张的毫不吝啬的感叹词之外，似乎听不出什么名堂。便随意问了一声"谁跟谁赛啊?"

小幽吭哧了一下，"嗯……嗯……咳，谁知道呢!"

我立刻笑翻了，"伪球迷不是? 还给我上课呢，你可真够不容易的!"

小幽自我解嘲道，"我不是为了省你从头到尾一遍累着吗。"

我说，"我可累不着，我从来只看关键时刻。"

"什么关键时刻?"小幽很是好奇。

"就是忽然有球员摔了一个跟头，挺帅的! 然后医生上场，忙乎一阵。"

这下轮到小幽笑翻了，"你可真够困难的，看球就看这个啊，我看你是更不容易!"

我俩互相诋毁一番，笑了一场。

小幽忽然顿了一下，说"……唉哟，帅哥来了，不跟你说了啊……"。

没等我说一句"晚安"，小幽那边已经挂断了。听筒里一片盲音。

我举着话筒，又傻笑了一会儿，才回过神来。

放下电话，我又在房子里走来走去。想，有一种人，与其说她是不易伤感的，莫如说她从不给朋友带来伤感。这两者其实有着本质意义的不同。我觉得，只有最为厚实豁达的心胸才能滋养出后者那样一份从容闲适的情怀。

小幽大致就是如此吧。

在这夏日的有些闷热的夜晚，几句轻描淡写的言笑仿佛风油精随意挥洒在空气中，沁人心脾，把这一整天埋藏在书卷里沉闷的褶皱舒展开来。

窗子依旧半开着，夜，却变得那样的馨凉爽意了!

我走到窗前，推开窗子，伫立在月光与灯光的交接处，向远方眺望。一阵细密的小风不知从什么方向吹拂过来，我想，那一定来自朋友的心。

本来我以为我不再疼痛

本来我以为我很冷

你的更冷，让我

奔赴了午夜 12 点的重逢

如同奔赴一场诀别的大火

我是你弱不禁风的孩子

你瘦骨伶仃的知已红颜

我是心，你是骨

亲爱的兄弟你怎能如此轻言

我吐着带血的字

世情却是一贫如洗

你绽放在我盲人般的黑夜

我怎么舍得转身离去

我的饥饿不是你手中的粮食，甚至

我遥远的灯盏不能为你点燃口中的烟

为什么我们要互致仇人的话语

为什么我的泪水湿在你的眼浸落你的衣衫

享受距离

　　由于我的工作是坐在家里写作，我常常称自己为"坐家"。无论是烈日炎炎的夏季，抑或寒风砭骨的冬天，我的日常生活大多是坐在家里一桌一椅一纸一笔，一个电脑，一杯清茶，一个夜晚以及一片想象的空间。所以，当有人问我，我所喜欢的生活伙伴是什么样的人的时候，便答：每天清晨都去上班的人。因为，这种规律的定时定点去上班的人的生活，的确让已经习惯了整日在家里既随意又内心紧迫的我，产生一种敬意。

　　记得很多年前，我们几个女朋友凑在一起，讨论应该找一个什么样的丈夫，我脱口而出："经常出差的男人。"这当然是一种带着玩笑的戏谑之语。但这里边的确自有道理：

　　一个女人，她的丈夫不在家的日子，心里便多了一份等待，分开的时候，她会生出一些想念，一些美好的回忆；或者缠绕在他们分开之前的一件不愉快的小事上，思来想去解不开，生着气只等着他回来，理论个明白。可等他回来了，她发现很多事根本理论不明白，不如稀里糊涂没感觉地绕过去，然后等丈夫再去出差。

　　丈夫不在家的日子里，她可以全心全意投入自己的事情而不被别人牵扯，她可以在该上床睡觉的时候不睡觉，独自享受寂寞的愉快，孤独的充实；她可以静心怀想一下流失过去的时光，一逝不返的年华，然后走到镜前，看看岁月带给自己的痕迹；甚至拥有了空间，以第三者的目光，欣赏一下自己，反省和分析一下自己。

　　……

两个亲密的人之间的距离，带给我们清理头脑和内心的空间。没有距离的两个人，是互相磨灭、互相吞噬、妄想成为一个人的两个人，而作为一个现代人，两个人其实永远无法成为一个人。

当然，精神的相对独立也是一种距离，自我的空间也是一种距离，其效果类似于"丈夫出差"。

昨晚，我的一位女友说了一句至理名言：如果天下的夫妻都恩爱，那么这个地球早就着火了。

当然，这个说法也许不适宜 20 岁的正在如胶似漆的、出个差恨不得把对方装在背包里带着的年轻朋友们。

消　逝

　　人们的"偏执"还表现在对于往昔喜爱过的人物的专心致志的怀念。但是，世界在变，貌似始终如一的自己其实也在变化——多年以后，当与被怀念者再次相遇，我们竟悲哀地发现，所怀念的那个人已经不再是那个人，他消失不见了，不知是他成为了另外一个人还是自己成为了另外一个人。在幽暗中长久地冥冥期待的那个人，他出现的那一刻，竟成为了在我们心目中消逝的一刻。

　　——这个悲哀，纠缠困扰了我许多年，感怀和疑惧都无法使之释然……

　　有一年，一个曾令早年的我动心地喜爱过的男友从遥远的国度回来探亲，他给我打来电话，说希望见见面。他电话里的声音明显变了，但隔着电话线，我看不到他的脸孔，无法准确地揣摩和捕捉他的样子和心情。在分隔多年，我们都走完了各自的婚姻之后，电话中他的声音听起来虚幻又缥然。

　　放下话筒，我坐到一张黑色帆布椅中，在零乱不堪的一口袋旧相片里翻找出他十年前的一张照片。我端详着照片中的他——那是一个细长漂亮的男孩，他站立在一棵高大的褐色树干上，上身向下倾斜探出，正欲纵身跳下。穿着灯芯绒长裤的两条腿颀长地弯曲出一个漂亮的弧线，那一双东方式的绵长的眼睛眯成一条缝，也许是前一天夜晚我们都没有睡足觉，困得连眼睛都睁不开，他的眼神中半是惊恐、半是逞强，脸色也有些苍白……我沿着这张照片追溯他的模样。然后，我提醒自己，今非昔比，往事不再了。十年，足可以构成一部一个人的成长史，就连照片中他脚下的那一棵树也定然是苍老了许多年轮！

然而，当我终于在冬日的某一天的晚上，在一间微光摇曳的酒吧里见到他的时候，我所做的一切精神准备还是被他的出现彻底粉碎了——一个宽阔壮实、脸堂儿红润的男人，忽然从昏暗的烛光里的一把木椅上蹿到酒吧门口处正在四处探寻的我面前，他向我伸着一只大手走过来，另一只手提着一只咖啡色的商务大提包，沉甸甸的，里边仿佛装满了全世界的合同文件和商业资料，俨然一个成功的推销商或春风得意的生意人。他大着嗓门洪亮地向我问好。

　　我一时惊住了。此时此刻，四周阑珊模糊的景物与眼前切实的人物，低回朦胧的音乐与面前嘹亮的问候，一切的一切都显得那么的不吻合，不对劲，关键是，十年前的那个英俊清纯的男孩，就在这一瞬间忽然消失了。

　　我恍惚了一秒钟，立稳脚跟，然后就跟随着他那只醒目的大皮包，坐到了先前他坐着的那张桌子前。那一晚，他的话题始终围绕着那一只赢取了人生的大皮包展开，讲述他穿梭于各国之间生存的发达和前程，讲述那个曾与他一起生活的女人应该还给他多少多少钱，"时代不同了嘛，男女都一样"，他说。

　　我神思恍惚木然，半听半走神。我始终不能认同钱财的巨大积累就意味着生命的成功这一价值判断。但我依然同以往一样，什么也没有说。

　　我注意到，他的脸孔上堆满了多余的肉，以至于眼睛被挤得睁开时显得有些困难，嘴唇像两只油汪汪的肉虫子蠕动着，看上去如同一个老太太臃肿的脸。这就是十年的光阴。那一晚，我只记住了这张脸，在这张脸孔上我看见了时间的残酷，看见了与之相关的许多内容。

　　当然，我所指涉的决非只是那一张平面的脸，更多的是脸孔里边包裹的内容。母亲有一次对我谈起时光，她意味深长地说，当你老了，你身边的男人女人们都把流连的目光停留在你周围的那些年轻光滑的脸孔上的时候，没有人再注目你，这时你才能真正体会到衰老的滋味。

　　我懂得母亲的话。但是，我依然觉得衰老本身并不可怕。那"消失的被怀念者"决不仅仅是一张不再年轻英俊的脸孔造成的。

　　世界每分每秒都在变化，自己的变化肯定也会在不知不觉中悄悄滑来。比如以前，我惆怅于黄昏、秋雨、萧瑟凋残的景物、人亡物在的空荡以及人世间的冷漠。而现在，我更多的是感叹和怀疑都市的喧哗、人流的匆忙、过分的情谊以及激情的可靠性。所有的变化都势不可挡。所以，观望世界的时候，我们自己也经常"照镜子"，这已成为生活中必须的一件事情，而且，还要看到"镜子的背面"。

时光一去不回头

时光倒流 70 年，正如韩东所写的"于 80 岁自杀"一样慑人心魄。于 80 岁自毙，显然是太迟了一些。而"时光倒流 70 年"更是十分可疑，匪夷所思。

家里有一只朋友送我的水晶八音盒，剔透莹亮的盒盖上有一行烫金小字：时光倒流 70 年。如果把底部的弦上满，八音盒就会唱出令人心碎的既澄澈又沙哑的乐音，伴随着盒子中央的多棱水晶球旋转。如若再把八音盒置放于灯光之下，天花板就立刻会倒映出五颜六色的零碎闪烁的彩光。迷幻的虚境，让人沉迷一阵，仿佛忽悠一下回到那想追溯的某一段时光。

从天体物理学来说，时光的确可以倒流。但是，人内心里的时光却难以倒流。我的悲哀也是缘于此吧。

这几天友人从欧洲来，她似乎把欧洲的阴霾天气也一并带到北京，晴晴朗朗的天空忽然就阴雨绵绵起来。湿淋淋的风不是从天空、甚至不是从树梢上倾压下来，而是从脚跟底下连根拔起。窗外到处是树枝哧哧咔咔的碰撞声和稠密如网络一般的电线绳发出的尖叫。似乎已经离去的冬季又返回到人们已经褪掉棉衣的身上。

她在晚上很晚的时候打电话过来，我因不太舒服已熄灯躺下。电话铃一响，我就预感是她。两年了，为一些身外之事，一直对我耿耿于怀。但是，我相信，有某种东西依然活在我们的沉默之中。她在电话那边说，根本不想打电话给我，只是因为听说我一直身体不好，才打。我无言以对。两边沉默的间隙，都无可奈何地叹着气怀念过去的时光。

从前，友人说过，她是一个冷酷的人。时间的流逝可以证明，的确如此。

　　这个"酷"当然不是时下流行的那个"酷"——"一头凌乱的彩发、两片浓黑的嘴唇、两手长长的黑指甲、两道冷漠呆滞的目光"的酷样儿。时下的这个"酷"其实是冰冷的外表包裹着一颗青春期的火热躁动的心，带有某种坚硬的表演性和展示性。我们早已不屑于此。她的"酷"，是心平气和的，是自内向外散发的，是把墨镜戴在了心上而不是戴在眼睛上的"酷"，是领略了世事沧桑心已"死"的"酷"！

　　时间这东西真是太残酷，想留住的，就是留不住。别说时光倒流70年，连三四年也倒流不了。

　　这天晚上，我们通了两个长电话，她在电话中告诉我，说她已经"老了"。可这种表面化的东西，在我心里又算得了什么呢。我多么想再拥有过去曾经拥有过的内心里沉甸甸丢不开的东西！

　　感慨又感慨，沉重又无奈——如果我们这般的朋友尚且如此轻易地离开，那么，这个世界上还有什么朋友能让人觉得是可靠不变的。

　　在宾馆里终于见到友人，她一身布衣，十分恬静，脸上有些疲倦和憔悴。我把雨伞立在椅边，脱掉外衣，没说什么，便安静地坐在沙发里。友人坐在沙发对面的床沿上，两条腿十分稳贴地垂着，静得像一幅油画。见到她这个样子，我所有的话都不想说了，说什么都多余，只愿老天帮她理解我吧。如若不是这样，而是在我一进房门时就锋利地对我说，"是你自己要来的，我没有请你"，那我真的要非说清楚不可，或者转身就走，永远不再见。

　　年轻时候，我还常常幻想一个令人心碎的场景：在异国他乡的一个庞大的晚会大厅里，我独自坐在一隅，湮没在众人喧哗之外的阴影中，所有陌生的抑或熟稔的脸孔都不是我的朋友。忽然，一声很贴近又似乎很遥远、很缥缈又似乎很真切的低语在我身后的阴影中静寂地传来——那是我等待了许多年的友人的声音。

友人回欧洲了。

我的目光重新回到这只色彩纷呈、意蕴悠远的水晶八音盒上。我的手指触摸着它凉凉的质感，那非现实感的"时光倒流70年"的音乐就顺着指尖钻入我的身体……这是用指尖——而不是用耳朵——谛听到的声音；这是用皮肤——不是用鼻子——嗅到的记忆……

谁掠夺了我们的脸

我现在尽量平和，是为了在更深处坚持自己；酒吧里，我随和地与同桌们闲谈，是为了把不该说的埋得更严。这倒颇为应和了那句话：往后退只是为了跳得更远。

我与城市

献身不见得比负责任地献计更勇敢。

我怎么舍得由
外人来说你呢

连降几日大雨，我所居住的城市里的一些街道积水成河，个别地方居然不会游泳的人不敢出门。据我的一个朋友说，他开着自己的车在回家的路上，开着开着，忽然就变成驾驶"私人潜水艇"了。

我很庆幸自己没赶上"潜水"！

这天傍晚时分，终于雨过天晴，浓郁的草木汁液夹裹着泥土的清香从窗口涌入房间，久违的艳丽彩虹居然诱人地挂在天边一角。我走出家门，路面上散碎的水洼星星点点，几个孩子高兴地扮演着跳青蛙的游戏。我深深吸了几口气，漫无目的地走走停停，权当是感受一下潮湿的"海风"吧，尽管城市的周围根本没有大海。

走到一条街巷的拐角处，我忽然听到前面不远处传来一声叠一声凄惨的狗叫。我紧走几步转过弯，看到一个壮硕的中年男子，赤裸着上身，正在路边用铁链子抽打一只被拴住的棕色可卡犬。三三两两的围观者聚在一旁看着。

我急忙跑过去，看到眼前这个男子的体态如同一个长方形的铁箱子，敦实厚重，肤色黝黑发亮，那双手像一对老虎钳子。而脚下那只可卡犬惊恐地缩成一团。

打狗的事，我其实常在街头遇到。但是出手如此残暴，令我实在难以忍受。我抑制着对这个壮汉的暴力行为的愤怒，几乎"讨好"般地说，"您别生气。它犯了什么错误啊？请别打它了！"我"讨好"，是为了让他消消气，别再打了。

壮汉通红着双眼，转向我，他脸颊上坚硬的肌肉以及凶狠的表情，让我心里发颤。"跟你有什么关系！"他说着，挥起铁链子又是几下。可卡犬发出几声令人心碎的祈求的哀鸣，它眼巴巴望着我，似乎在求我替它说情。

我强忍满腔愤恨，尽量平静地顺着壮汉说，"它犯什么错误是和我没什么关系。可是，请您别再打它了！"

壮汉住了手，再一次通红着双眼转向我，"自己的狗，想打就打，我打死它，剁馅吃，就酒喝，你管得着吗？"他一边说着，一边又是几下子。

我紧紧攥住自己的手指头，怒火中烧。那一瞬间，我忽然遗憾起自己不是一个男人，一个高大威猛的男人，否则我会冲上去，夺过他手中的铁链子，再送给他两记响亮的耳光！

你一个壮汉子，欺小凌弱，虐待动物，算个什么东西！

当然，上述言行只是在我的意念中完成。而现实中的我，只能木然地站在那里喘气，无能为力。我忽然闪过一念，拨打110。可转瞬之间，又觉自己荒唐。目前哪有动物保护法啊？！

壮汉似乎累了，狠狠地吐了一口痰，住了手，点上一支烟，嘴里骂骂咧咧，"敢咬我的椅子腿！打断你的腿！"他站在当街，不停地破口大骂。

那只可卡犬，脖子伸得长长的贴在地面上，用力地朝向我，哀嚎着，大大的黑眼仁紧紧追随着我的眼睛，生怕我走掉。

我心里有无数的道理和无比的心疼要跟这个男子讲。可是，面对这样一个不可理喻之人，我担心自己的言行会再激怒他，让狗狗继续惨遭毒打。我克制着冲动，最后，我还是一句话没说，忍痛走开了。

一路上，我情绪激动，神思感愤，默默地想，这只可卡犬落入这样低劣的人手中将是怎样的悲惨命运啊！

我的脑子里全是这桩事，竟然忘记了路面上坑坑洼洼的污水，而它们已经沾满我的双脚。

我停下脚步，望着脚上的污泥浊水，烦忧交加。忽然，想起龙应台曾说过的一段话："最好来一场倾盆大雨，足足下它三小时。如果你撑着伞遛达了一阵，发觉裤脚虽湿却不肮脏，交通虽慢却不堵塞，街道虽滑却不积水，这大概就是个发达国家；如果发现积水盈尺，店家的茶壶头梳漂到街心来，小孩在十字路口用锅子捞鱼，这大概就是个发展中国家。"她的理论是，"发展中国家或许有钱造高楼大厦，却还没有心力去发展下水道；高楼大厦看得见，下水道看不见。你要等到一场大雨才能看出真面目。"

　　我想，她是从一个城市的"硬件"来观察的。

　　刚才发生的那一幕打狗事件，却使我联想到另外一个角度。倘若从一个城市的"软件"，即从人文的环境来观察的话，我想，也许应该是这样：当你被带到一个陌生而且言语不通的城市，那里高楼林立，霓虹闪烁，金碧辉煌。假若，鳞次栉比的大厦、川流不息的车辆以及琳琅满目的橱窗，这些繁华锦簇的城市外表使你眼花缭乱，目不暇接，看不出端倪，猜不出这里是哪里的话，那么，你只消走进巷里坊间，留心查看一下细枝末节，如同观察一个人只消观察他的袜子和指甲一样，你要把目光投向这个城市的"鬓角发梢"。倘若你发现，经常在街头可遇打狗踢孩子骂老婆之景观，可遇成年人当街吵骂厮打不休之景观，然后发现"鸡犬之声相闻，邻里广而告之"，那么这里差不多就是个发展中国家。

　　当然，任何一个国家，都同时存在着有涵养的文明人与粗俗低劣之人的两极分化，英国的绅士们与他们的山村老姬之间的差异也是相当的可观。我无意在这里厚此薄彼，以偏概全。

　　一场突如其来的暴雨，一场路遇的打狗事端，这样风马牛不相干的事情，忽然让我感慨万般。我想，那些看得见的高楼大厦和宇宙飞船之类，固然体现着一个国家的先进程度；但是，那些不易看到的诸如下水道以及公民的普遍教养，更是文明程度的重要标识，它一点也不比一个城市或者一个国家的"面子建设"次要。

　　我生于斯，长于斯，思之痛，急之切。这些话，我怎么舍得由外人来说你呢!

　谁掠夺了我们的脸

江山如此多"焦"

多年之前有一段时间，我家里曾有过一个钟点服务工叫娇娥，娇娥从四川农村老家来，经人介绍，我们请她来家里做卫生及餐饮服务。刚刚来的时候，我们就知道她不会写字，连自己的名字和住址都写不上来。她管北京叫"上边"，却不知道北京位于四川的北方。娇娥将近40岁，却从没听说过唐山地震和四人帮。但她脑瓜还算灵光，身体好，人也勤快，做得一手好饭菜。

我想，家里肯定不是请学者来探究文化的，也不是请哲学家来清谈世界的，我们不就是要请人来帮我们料理家务吗？于是，便欣然接受下来。

娇娥口音很重，比如，早晨她一来我家里，我会问一声，"今天外边热不热？"

她说，"惹。"（音 Re，上声，"热"的意思）。

倘若我说让她做什么，她会说，"号！"（音 Hao，去声，"好"的意思）。或者说，"补！"（音 Bu，上声，"不"的意思）。

虽然我们互相说着"外语"，但尚可交流。

娇娥极能吃，一顿饭能吃 13 个煮鸡蛋，令我叹为观止。她手中的饭勺如同铲土机，须臾之间，一锅米饭和众多菜肴，便席卷一空，坚壁清野到她的胃腹之中。那段时间，我眼看着她浑身的肉如同海绵泡沫一般鼓胀起来，上下颤动。

不到 40 岁的娇娥，却已儿孙满堂。她有时候会跟我表达一些她的人物是非观，一些固执的"高见"，而且常常情绪饱满激昂，义愤填膺。

有一天，她说，她的还不会说话的小孙子拿着一张十元钱在手里玩儿，玩儿着玩儿着就把钱给撕碎了，她狠狠地打了他一顿。

我说你不该打孩子，因为在他眼里钱是没有意义的，跟一张纸一样。对于这样小的孩子，无意识的错误不能算错误。我还建议她以后不要拿钱给孩子玩儿，钱上细菌最多。

娇娥很气愤的样子，说，我就是要打他！他撕碎的要是一毛钱我就不打他了。他撕碎了十元钱我就是要打他，狠狠地打！娇娥眼中迸射出一缕不易察觉的恶狠狠的光。

我试图说服娇娥，就搬出书里的例子，说，一个孩子主动洗碗，不小心打碎了十只碗；另外有一个孩子，趁母亲不备，偷喝柜子里大人禁止他喝的酒，结果不小心打碎了一只碗。你说，这两个孩子谁的错误大？

娇娥当机立断回答我，打碎十只碗的孩子错误大。

我依然耐心说，不能这样用数量的多少比较错误的大小。前一个孩子是无意的，而后一个孩子是有意地做不该做的事，所以后一个孩子错误大。

娇娥不服气，认定打碎十只碗比打碎一只碗错误大。

我只好改变一下思路，从事物的性质不同来说服她。

我举例说，假若，你的小孩，你给他 100 元出去买东西，结果东西没买回来，他还把钱弄丢了；再假若，你的小孩趁你们不备，从你的钱包里偷了 1 元钱，你说哪个错误大？

娇娥立刻判断出丢一百元钱错误更大。然后，她做了一个毋庸置疑的手势，强调说，对，就是丢一百元钱错误大！偷一元钱不算什么嘛。

说到这里，我看着她毫无余地、斩钉截铁的表情，哑然无语了！我心里忽然涌上一种不应该有的悲凉的无奈，一种抑制不住的反感。

我从来不嫌弃"劳动人民"，我甚至厌恶那种以人的社会地位决定自己的处世姿态的势利之徒。但是，对于娇娥，我一直有一种说不清的心理障碍，使我始终和她是疏远的，一种礼貌的疏远。我敢冒昧地说，人们在成长中后

　谁掠夺了我们的脸

天习来的所有的人文思想与人格的完善，在她身上几近为零，但你又绝对从她身上找不见那种山村里未经雕琢的农妇的纯朴、憨真与良善。

那段时间，她每天有几个小时在我家里做家务，虽然家里窗明几净，地板光洁可鉴，连揩拭的水迹印痕都没有。可是，一种不对劲的磁场信息始终在我身边缠绕弥漫。

我用卫生间的时候，她会忽然拉门进来取东西。

我说，以后最好等我出来，你再进去拿东西。

娇娥满不在乎地丢一句：没事！

我说，你觉得没事，可是，这是对别人的尊重，也是一种文明。

她不吭声。日后依然故我。

娇娥经常让水龙头哗哗流着，去做别的事。她的理论是：家里不缺钱！

我说，家里是不缺这点水钱，但这不是钱的问题。水的资源是人类的，是大家的，而且是有限的。

她不理解。日后依然故我。

娇娥在自己家里的早餐常常是菜粥就大蒜，她每天浑身散发着一股刺鼻的味道涌入我的家门。

我说，大蒜是好东西，但是出门上班之前最好不要吃。

她说，在老家她每顿饭都要吃两头大蒜，习惯了。还强调，城里就是这点不好——凡事都要考虑别人，我自己喜欢吃就是要吃嘛！

娇娥有时候说自己有五个孩子，有时候又说是三个孩子。让人弄不清。令人匪夷所思的是，她为什么要说这个瞎话。

……

终于，我们借她请假回老家之机，把她给辞掉了。

在中国的历史上，"劳动人民"或者"劳苦大众"历来是正义善良的化身，我不否认其中有很多是勤劳良善并且是有教养的。但是，倘若娇娥这样的人算是"劳动人民"的话,我就是不喜欢她这样的"劳动人民"。

娇娥是个成年人,她会做很多我们成年人做不好的活计;然而,对于许多浅显的小学一年级就应该解决的人生最基本的是非观和常识,她不会。可是,她生了那么多的孩子,她的孩子们也正在努力钻国家的空子再多生一些孩子。

我为娇娥的儿子们、孙子们揪心。

更为我们偌大一个国家,拥有如此之多这样的儿子们、孙子们焦虑。

我在想,在一个文明的国度,娇娥们是否有"权利"多生孩子?她的孩子们面对的是怎样的一个恶劣的人生的启蒙啊!一个小孩子在一个污浊的人性环境中成长,那么即使他长大成人,出国留洋到最文明的国度,西服革履温文尔雅的表层深处,依然会潜藏着不易察觉的童年的污浊烙印。

小幽语录

小幽和小酸是一对性格迥异却又难解难分的好朋友。

一天，她们在街上闲走，已经是岁末冷冬时分，天空阴霾着有一种阳光亡失之感，冷得失去了蓝色。这时，她们忽听到马路对面蔓延过来一阵若断若连的绵绵歌声。小酸侧着耳朵凝神专注地谛听了片刻，说：哇，《野百合也会有春天》，我可喜欢了耶！

小幽显得不以为然，道：你知道"野百合也会有春天"是什么意思吗？我的中国版本解释是，多破的锅，都能配上一个盖。

又一日，小幽的一位留洋归来的老同学开了一间精品包子坊，隆重邀请她去品尝。小幽便约了小酸同去吃包子。接连几天的大风，弄得路面脏兮兮的，枯萎的树枝以及白色的纸屑、塑料袋沿着路边撒欢。她俩好不容易存上车，找到这家餐厅。果然是一家典雅精致的食坊，春天在屋里盛开，与外边迥然相异，判若两个世界。老板同学说，我的餐厅里连厨子可都是博士后啊。小幽不动声色，迎住老板表情严重的目光，嘻天哈地的样子，说：是啊是啊，我还是个"博士前"呢。老板同学问：什么是"博士前"？小幽说：博士前嘛，"前"到哪儿你就别打听了。

小酸一边品味包子，一边津津乐道地赞叹：果真与众不同耶，这包子褶也太精致、太那个了啊！老板忙不迭询问，馅呢？馅呢？小幽在一旁眯着眼睛，似乎专注于嘴里的咀嚼，然后慢条斯理地说：哎呀，你没看我满嘴找馅吗，第一口没吃着，第二口过去了。

小幽常到小酸家吃吃喝喝，主要是为了你一句我一句逗嘴取乐。有一次小酸在厨房里摆弄食物，忽然见到一只硕大的蟑螂，圆滚滚的肚子，大摇大摆目中无人地从眼前穿行而过。小酸厉声高叫：来人救命啊！小幽闻声而来，见是一只蟑螂，忍俊不禁，就笑话起小酸来：人家还以为发生强奸案了呢！这有什么大惊小怪的，我家的蟑螂在厨房里夜夜 party，垃圾箱中日日盛餐，有时候它们还下午茶呢，绅士一般茶后漫步，蹁跹起舞。

新的一年快到了，小酸想给领导去拜年，以便来年能够有所晋升，偏又内心胆怯，便想让小幽陪同前往。小酸楚楚自怜地说：我家也没个"背景"，全指望我这薄脸皮变厚，红颜薄命耶！小幽却说：落伍不是？这年月您即便是献身也不见得奏效，嫁给一个正管你们单位的 XX 部低级官员就够使了，和尚小庙大，到时候你就等着单位领导巴结你吧，你可得挺住了哟！

在小酸执拗的坚持下，小幽才同意陪同前往。小酸提着礼物，见了领导神色赧然，先就羞红了脸，埋着头吭吭哧哧地话也说不齐全：2005 年给您带来了许多麻烦，希望 2006 年……小幽接过来喧哗着补着空场说：她的意思是，2005 年她给您带来了许多麻烦，希望 2006 年给您带来更多的麻烦！

天天"偶尔"

R小姐在一个风和日丽的中午和编辑部的同事们有个饭局。餐后狂风突降，尘沙骤起，只听得窗外的干树枝噼噼啪啪被折断，不知是电线还是什么东西发出刺耳难听的尖叫声，仿若《呼啸山庄》莅临此城，听得人血液都要凝固了。

大自然原始的光辉，使人的一切显得那么渺小。

R小姐探头隔着餐厅的玻璃窗子往外边看了看，她看到树木弯了腰，在光线和阴影里摇曳低吟着，似乎发表着某种宣言。街上行人差不多都把脑袋龟缩到外衣的帽子里，被风吹得鼓鼓的分不出男女。

R小姐出门前因为担心帽子压乱秀发，故意忘记了戴帽子。

同事A小姐就说，咱俩去楼下买帽子吧，不然一出门耳朵肯定就顺风飞走了。

在寒风凛冽的冬日，餐后如有一杯热热的幽香的兰贵人乌龙茶，然后在一处温暖的上好的消闲之所漫步留连，R小姐一直以为这是一件人生美事！外边尘世的荒凉与风沙被眼前琳琅满目的虚幻世界暂时遮掩了，暂时忘记了。

R小姐欣然允诺。

大家穿衣道别，耽搁少许。之后，俩人便来到楼下的XX商城。

R小姐先替A小姐看上了一顶帽子，艳丽而不失典雅，华贵而不显招摇，很有内涵。就说，"小A，这顶帽子很适合你啊。"

A小姐举目端详一番，说，"好是好，不过，这帽子只适合鸡尾酒晚宴之类的偶尔的事儿。可是呢，又没有什么偶尔的事。"

俩人继续往前边看。

路过卖鞋专柜的时候，A 小姐一眼又替 R 小姐看上一双淡棕色高腰皮靴，皮质柔软细腻，拉链和细微的装饰也很经典，就说"小 R，这双皮靴很适合你啊。"

R 小姐端望摩挲一番，说，"好是好，不过，这鞋跟太高，站着会累。倘若遇到坏人之类的偶尔的事，倒是能当自卫武器用一下。可是呢，又没有什么偶尔的事。"

R 小姐说完，俩人都笑了。

转完一圈，R 小姐和 A 小姐开始发挥她们作为编辑的归类总结的才能，她俩一致认为，所有的物品大约可分为三类：偶尔的、经常的和无用的（或没法用的）。

A 小姐说，"小 R，我们不买'偶尔'的东西，花了钱不说，还浪费我们宝贵的衣柜空间！"

她俩一边说着，一边往商城大门外边走。

R 小姐说，"是啊，小 A，有道理。"

可走了几步，R 小姐又接着说，"其实，我们为什么不可以把平时都当成'偶尔'来对待啊！为什么不可以天天都'偶尔'呢?"

"天天'偶尔'多累啊。毛泽东都说了，一个人做一件好事并不难，难的是一辈子做好事。"小 A 说。

"是啊，真是啊!"小 R 感慨。

走出××商城时，帽子虽然没有买，可是风驻尘息了。

R 小姐禁不住想：自己单独购物时，稀里糊涂的，多么形而下啊。与小 A 一起，连购物都购得那么哲学，那么形而上：看山不是山，看山还是山啊。

| 谁掠夺了我们的脸

城市的蜕变

　　我时常为自己的家居住在 P 城这一座缺乏封闭感的城市而焦虑，为这一座学生时代一旦结束就意味着读书生涯彻底结束的城市而担忧！

　　宽展幽长的街道并没有把分散的人群拉开隔离，使之拥有相当的空间和心理距离，现代的交通工具把遥远的路途缩短得如电话线一样快，转瞬之间，一位渴望说话的不速之客就逼临你的门前；那些蜘蛛网络似的电话线，则把更为遥远的这个世界的喧嚣嘈杂，不由分说地强加给你的无辜的耳朵；邮递员是绿色的风，把所有亦真亦假的远方都吹拂到你的眼前，你成为别人的故事一如别人成为你的故事；各种各样的信息像原子弹一样不断爆炸，随时侵扰着你关紧的房门；楼群鳞次栉比，接踵摩肩，一扇扇窗子就如同无数双眼睛对视或斜视，相互探询，墙壁薄如蝉翼……你的呼吸、你的默想、你的自语，都成为众人皆知的呼喊……

　　我的忧虑正是来自这里。

　　这座城市，由于喧哗嘈杂而日益空洞，它不断地把自己的手臂伸向四面八方的近郊农村，把松软的泛着黧黑的麦田和菜圃，涂成坚硬的柏油马路，使之变成自己的街道。我们再难从这座城市的身旁看到乡间的农舍风光，闻到餐桌上的食物散发的绿油油的泥土的芬芳。我们只能躲在自己住宅的阳台或平台上，象征性地"发展农业"，以便能够亲身感受一下农家的气息。这座城市正在由于日益的膨胀而愚蠢麻木。

　　与此同时，这座庞大城市里的人们，像蚂蚁那样忙着聚拢成群，以便寻找对话者的慰藉，摆脱内心的寂寞，企图让别人照亮自己，其实别人同自己一样乏味。人们已经意识不到丰富自己的源泉在哪里，人们正在一天天地丧失孤独的能力，承担自己的个体的力量正在随着聚拢的群体的增大而削弱。这些丧失了把握和支撑自己的人群，正如同这座失去了城垣的城市，日渐成为荒芜的沙滩。

据我所知，世界上最优雅文明的城市，是那些人们终生视书为良友的城市。

奥多·马尔夸德曾提到：成年是交往的能力，这只说出了一半真理，因为至少适用的是，成年就是孤独的能力。

由此而想，这座城市正在变成一座思想的幼稚园。

我们这样近，
我们那样远

　　那一年，搬进作协宿舍大楼的第一天，我就在心里默默盘算：尽量不乘电梯，减少与熟人碰面打招呼的概率。幸好，我当时居住的楼层不高，以我的敏捷轻盈，溜进大门之后，三跳两蹿，就可以把自己关进自己的家中，大铁门哗啦一响，人群就与我无关了。

　　居住的大楼如同一块被掏空的巨石，沉闷无声。平时，人们窝居在被石板切割分隔开的各自的空间里，老死不相往来，过着自己的安静日子。楼里住着不少文学界同行，也许在某一时刻，他们正阅读着同一本书，脑子里转动着同一件事，甚至撰写着同题文章。但是，却很少有人愿意坐在一起沟通一番。不仅是那些怀揣半生阅历的人，就是年轻人也多是没有什么交流的愿望。

　　我曾听说这样一件事，楼里有一户人家心血来潮，打算邀请本楼几位同行聚一聚。于是，他们通过电话、短信、信箱以及留言簿等等诸多方式传递消息。据说邀请工作就花费了一个月之久，最后终于得以一聚。那一天，正巧主人的儿子在家里休假不上班，不知他是孤僻成性，还是懒与人语，整整大半天时间，他把自己紧紧关闭在一间屋子里，没露面也没出声。人们只见女主人不时接到一个个神秘电话，低低地回复几句，然后女主人就会悄悄走向套房的一隅，轻轻推开那扇一直紧闭的屋门，递进去一杯水或者一块干净的湿毛巾。有人注意到了这个细节，但是，不便主动盘问，就佯装没看见，没说什么。直到傍晚7点多钟，大家进入了聚会最实质性的内容——晚餐，女主人再一次接到神秘电话，她接完电话回到餐桌后，终于小声说，我儿子

谁掠夺了我们的脸　| **145**

今天躲在一间屋里，他饿了，我给他弄点吃的端进去。大家先是愣了一下，瞬息之间便纷纷把自己心里遗存的谜团破译了。然后齐声说，多给他弄一些，多给他弄一些。据女主人最后说，那一天晚饭，她的儿子躲在小屋里共吃进二两白酒、三盘菜和一碗米饭。但是，直到家里最后一个客人离开，她的儿子也没有从那一扇紧闭的屋门里出来露一面。方圆一百多平方米之内，隔着墙壁，她的儿子凭借着手机指挥母亲，保持了自己与他人的隔膜，也保持了自己与他人的不接触。

这件事其实算不上什么，但这件事远比事件本身拥有更丰富的内容。

在这座大楼里，的确有不少人谁也不想知道谁（包括我自己）。有一次，我下楼梯时撞见某一层住对门的两户熟人，一个男人从自家屋门里出来后，另一户人家的男人也刚好打开房门要出去。当发现对门里的人正在关门锁门时，便迅速地退闪了回去，重新关上自家屋门。想必是打算等对门离开后再出去，免得打招呼。

以前，在我们工作的那座大楼里，各单位的熟人偶尔在大门入口处或者在电梯上碰到，大家总是在短暂的相遇而又得匆匆告别时互道一声：常联系，有空来坐。自从人们纷纷搬进同一座家居大楼后，偶尔熟人在电梯或楼道里碰到，再也没有人敢说一声"有空来坐"了。大家带着各自的私生活在楼道里相遇，不免有些应酬，有些尴尬，甚至有人有点"鬼鬼祟祟"。以前彼此住得很远的时候倒是容易相约的，住了邻居之后，大家却格外慎重起来。

这也是极小的事，但同样很有意思。

门里门外

　　很多年以前，我曾经和一家新疆人处过短暂的近邻。记得是在大年初六，新疆人一家搬来了，男人名字很长，几次也没记住，反正是提提买买的一串。我自己的房间与他家有两堵墙是共用的，可是壁薄如纸，一点音也不隔，毫不夸张地说，他家水壶开了我都能听到。他们夫妇经常交谈，语音便绵绵不绝地渗透过来。幸好他们说新疆话，我一个字也听不懂，只听到一男一女交叉而成的和睦的语调长时间地袅袅娜娜不绝如缕，成为一种背景声音，如同开着音响听音乐。我一边担心着自己这边的私生活今后还能否成为私生活，一边暗暗庆幸一纸之隔的那一边不是用普通话交谈，否则我将什么事也干不成了，我会强迫性地被他们的谈话所吞没，再也没有了清静。庆幸过后又有了一点遗憾——如果他们说英语多好啊，一年住下来我的英语肯定过关了。

　　我和近邻家共用一个楼道的防盗大铁门，我们各自的房门在楼道的尽头成90度角，近在咫尺，若两家同时开门就会"撞车"，一家开门另一家就得关上房门。这样的唇齿之距算是天意，无论愿意不愿意，一种亲密关系似乎是客观存在了。

　　我永远是一个习惯关门的人。平时在母亲家里，无论是写作、睡觉、打电话还是翻阅闲书，我都习惯关上自己房间的屋门，好像唯此，心里那一层屏幕才垂下来，才可获得安宁。从行为心理学方面说，对于封闭感的需要过于强烈的人，往往内心缺乏安全和放松，他们往往是一些复杂的需要自我空间的人，他们的身体内部有一种东西要求他们与公共的外部生活保持一定的距离或隔绝。他们其实并非都是出于隐私的保密，他们不一定非拥有什么不可告人的东西，他们的关门似乎就像我们睡觉时自然而然闭上眼睛一样，只是一种心理的防御本能。我所接触到的读书人、作家艺术家以及怀揣某种秘密心思的人们多是这样的。不知为什么，我对于这样的人始终怀有一种内心的理解和尊重。

我的近邻是一对十分健康放松的夫妇，夏天时候，他们的家门永远是四敞八开的，直到晚上睡觉前才肯关上。平时，他们下班回到家，把楼道里的灯打开，两家共用的大铁门一关，他们夫妇便家门大开地与我圈在一个铁门里边，出出进进，说说笑笑，对我没有任何戒备，如同我这个安静的近邻不存在一般。这无疑是一对善良的人，但对于像我这样不具有同他们一样放松心态的人来说，他们对我的四敞八开的信任，除了在我心里涂抹了一层轻松色彩之外，同时也带给我一种莫名其妙的紧张感。我在自己家里，听着一门之隔的外边一忽一阵的动静，时时感到某种外部事件的临近或者即将侵入。我总是习惯轻手轻脚，意识中永远存在着隔墙的耳朵和门外的眼睛。有朋友来访的时候，我甚至控制不住有伸手替他们关上房门的愿望。其实只是一般朋友，没有任何偷偷摸摸可言。

有几次我在楼道里与他们夫妇邂逅，我自然是热情友好地搭讪，总想说出能否请他们关上自己家的房门这句话，但几次都没有说出口。因为无法当面说，我便把类似公约的条款写在纸上：请保持安静、整洁，随手关门。但终于也没有勇气贴在两家公用的楼道墙壁上，这张纸至今闲在我的抽屉里。

我知道，他们是健康、善良而且值得尊重的睦邻，对我非常友好，有些矫情的其实是我自己。

但是，我始终在想：请不要用如此的方式来"相信"我吧，给我一些个人空间的尊重远比信任我重要得多。公用楼道这一小块间隙，让它安静地空在那里吧，用这一小块空隙装满自由，远比承载任何一种实际的生活更为重要。

"大家"是谁？

我们中国人难有隐私权，也不提倡个人空间，这已众所周知。

所谓隐私权或个人空间，主要是针对那些熟人、密友、家人或亲戚而言的。真正的陌生人，倒不存在这个问题。

因为是你的熟人、家人或亲戚，你内心的隐秘、你的时间、你的空间，就必须得对大家四敞大开，你必须随和地恭候那些随时可能发生的莅临、介入或侵占。长辈们告诉你：我们一辈子就是这么过来的，不分彼此，光明正大；年轻人对你说：我的就是你的，你的当然也就是我的，你来我往，随意最好。大家都这么说。

你关闭的房门，丝毫起不到作用，它不仅无法让某位来者迟疑、止步，反而，房门的冷寂和沉默，愈加吸引来者迅速地举起好奇的拳头，你的房门被一声比一声重的咚咚声敲响，直到你打开房门。某位不请自到的熟人，理直气壮径直进入了属于你个人的领地，丝毫没有为自己的不约而往而心怀忐忑。"我们是这样地熟悉，用不着打电话预约。正好从你家门前路过，我能不进来坐坐吗？"熟人心安理得地就坐到沙发上，你怔怔地哑口无言；

也许你正在厨房里手忙脚乱地烹饪着晚餐，滋滋的油香叫个不停，像个急性子催促着你；也许你正在电脑上专心致志地忙于稿件，你的指尖正像一个芭蕾舞演员柔软的脚尖，沾满丰沛的乐感；或者夜深人静，你已舒展地躺卧于床，和你那心事重重的枕头互道了晚安，你已睡意沉沉，正欲进入梦乡……就在这种时刻，电话铃哗然而响。你拿起话筒，对方决不会问你是否打扰了，就摆出聊天的架势。"我们无须那些客套，是不是？又不是外人。"

听筒那边理所当然。他觉得自己这会儿没事，全世界肯定就都悠闲；

一班人在餐厅里聚会完毕。窗外的车流越来越稀疏，烛台上的光线越来越黯淡，你的缓缓的疲倦已顺着葡萄酒的韵脚，慢慢升延到你肢体的末端。这时，似乎有人余兴未尽，举起酒杯，提议继续到拥有单独空间的你的家里去喝茶，聊个通宵，甚至有人提出今晚就在你家打个地铺。你内心踌躇不定，思量这样一种浮泛的闲谈，是否要继续到你的房间里、沙发上？你的并不充沛的精力是否能熬住这样的欢闹？但是，你决不能轻易说出"不"字，否则，你就会被大家视为一个别扭之人。"你家有什么不能公开？你有什么秘密非得独自关在屋里？"……

你是决不可以对大家提什么隐私权或个人空间的，那样，仿佛你就有了什么见不得人的勾当，你就成了一个遮遮藏藏的孤僻之人。你失去的决不只是一场场空欢与闲谈，你失去的将是一种在这样的"大家"之中使你感到的和谐与恰然，一种"与人民群众打成一片"的自由与安然。

其实，你无非是想守住自己的那一份小小的自在与悠闲；

其实，许多人都和善良、胆小的你一样，只不过是担心成为大家中的另类。

但是，大家依然会说，你的"个人空间"，你的"隐私权"，不符合中国的国情。中国人的交往历来就是这样亲密无间，你来我往，随随便便，哪怕内心里相隔十万八千里之远。终于，有一天，年轻的你忽然想起一个问题："大家"是谁?!

年轮的印迹

8月的中国P城，多是雷阵雨天气，似火的骄阳，灼烤着黑布片一般即将燃烧起来的土地，但转瞬之间，便又会大雨如注，水流滂沱，脚下变成一条无边的浑河。这种变化多端的天气，使得在这个季节里的人们，也变得情绪多变，性情无常。

在这个炎热夏季的午后或黄昏，我很规律地保持着在街头漫走的习惯，经冬历夏，我把这种可以延伸思路和自我交谈的漫走，当成是自我的一种意志力的延续。些微的汗水从我在阴爽的大房间里沁浸得发凉的骨头里渗出，有一种温和的快感。我喜欢这一种感受。

我一边埋头走路，一边漫无边际地胡思乱想，属于古典东方的那一种神秘古怪的想象以及现代西方的内心自省习惯，使我永无安宁。这是一种看不见的自我折磨，也是一种看不见的享受。脑袋里刮着热带台风，思维如闪电，迅速地在街边路角一闪即逝的事物上掠过。

一个老头，面色灰黄，瘦骨嶙峋，但衣衫显得格外整洁。不难看出他生活的境况——清贫然而依然保持着尊严。他同我一样，也在街头漫走，老人的手里拄着拐杖。在树阴里的那片凉篷餐桌前，他犹犹豫豫站住，然后四顾环望，胆怯又鼓足勇气地向那堆着半桌剩食的餐桌靠近。他颤颤巍巍，向两边和身后过来往去的人流偷偷觑视，留心察看着是否有人正在窥度他。然后，他以不被人察觉的动作，移动到桌前，拿起筷子，像休闲品尝食物一般缓慢地、悄悄地夹起，送入口中。他一边忙着把嘴里裹满油汁的肉片吞咽下去，一边斜着眼角转动着他那相当慌乱不安的眼睛。

我站在老人身后不远处，心情复杂地观看这一场景，用一种假装正在等待什么人到来而并没有注意到他那个餐桌上的一幕的姿态。因为，我担心他看到有人正在观看这一切，会慌悚无措。我的余光注意到，老人在心虚不安、缓慢试探地吃过两口之后，就再也不顾及身旁的他人，大口大口狼吞虎咽地咀嚼起来。

　　我知道，那一刻，老人的内心在经过了一场精神与物质、尊严与欲望的残酷较量之后，他的意志终于崩溃了，最后的一点尊严，已彻底地被他精神的衰老和物质清贫所吞噬……

　　我继续沿着街头的树阴漫走，节日的欢乐气氛把所有人的脸上都熏染得一片欢乐，我的脸上也同所有人一样涂满欢乐——我愿意在这样繁华的节日里，把自己安静的笑意分送给善良的人们。但是，我的内心并不仅仅以人群的欢乐为欢乐，以人群的忧戚为忧戚。因为，我知道，人们每向前走一步，就离人类荒凉悲哀的前景走近一步，向着生命与意志的衰退靠近一步。

　　我步履沉重，向着自己发出一声无声的命令：我决不能让自己以及我的亲人密友，随着岁月的流逝、生命力的渐渐衰老，而一点一滴地衰退我们的意志、殆尽我们的尊严……

　　对于这种司空见惯的街头小景产生如此过激的情绪波动，显然与P城燠热的夏季景观有关，那些闪烁耀眼的霓虹彩灯，富丽堂皇的饭店宾馆，在街头炫目地裸露着。如果说，一条街就同一个语词丰富的句子，那么这些繁华靓丽的都市粉装，就如同一堆堆浮夸多余的词藻在沉静平实的句子中跳来跳去。我从不以为它可以改变整个句子最本质、最深层的内涵，那不过是一种形式而已。

　　也许到了冬天，街景空旷，残叶在冷风中飘零，秃树们脱去外衣显露出深褐色的沧桑时，这个城市将会变得沉静而有耐心。

　　我在这夏季的街头，像个老人一般地踯躅漫走，想象那蕴含着低沉浑厚的古老情感的冬天到来，想象着我们这些宇宙的孩子不过是一瞬间。

看你；或你上次来看我之后我太忙没有回拜你，而且近期仍然没空去看你；再或，这次的事情我没有办好，实在不好意思等等……寄此卡是想请你不要为此断了交情，说不定我日后还有求于你呢。

7. 受伤者的报复——潜台词是，虽然你把我"甩"了另图新欢，但是我依然要乘节日之机寄上追忆旧情的甜言蜜语，只是盼望你的那一位醋意大发，祝你们惊天动地吵一架。

8. 失散多年的人寻找旧梦——潜台词是，"得到了所有，失去了最初的梦"，现在终于有钱又有闲拾起丢失已久的少年旧情了，若你能收到此卡，请回复，我的手机呼机电话传真伊妹儿是几几几，盼在酒楼一聚。伤旧怀古之心使膨胀的物欲得到了短暂的歇息……

这一部分卡片中，被隐藏起来的"利益"和"欲望"二词，在后面推动着那些美妙的言辞。有些人把那最初而最真实的意图掩饰得连自己都不清楚了，或者是本来就不愿意清楚地把它说出来。

好在，有更多的卡片像洁白的雪片一样单纯美好，滋润着我们冷冬里干涸的心田。我怀着感激和温暖之情接收我的友人们的每一张这样的卡片，也努力怀着同样的感情寄送每一张这样的卡片给我的友人们。

快餐的意味

我们面前摆放着两种快餐：

先是忽然之间，快餐食品店在我们的身边遍地开花，街头上那些嫩黄或者艳红的门廊里边，木质的桌椅仿佛随意搭起的积木，拼接出一种象征稚趣、简约与速度的格局。快餐食品所呈现出来的强烈的共性，使人一进门就嗅到一股"共产主义"的气味，这种安全的气味湮没了人与人之间的等级、职业、学识以及经济地位的差别，大家在这里彼此彼此，自我感觉良好，所以很多人喜欢它。可是，不知为什么，无论中式还是西式，我对于快餐食品一律缺乏胃口，一直以为那应该是属于少年儿童的嗜好，或者是那种要去赶路的人启程之前匆匆忙忙的去处。如果，一个成年友人告诉我，他热衷于快餐，我便会对他的口味不以为然。但是，这并不妨碍我们在分别吃过晚餐之后，坐下来畅谈。快餐食品纯属个人趣味，无可厚非。

步食品快餐之后尘，又出现了第二种快餐——精神快餐也旋风一般覆盖了我们的视线。它在我们的身前身后弥漫，无处不在，似乎人人都浸泡在文化艺术的大染缸里——一幕今天诞生、明天就消失不见的新式戏剧，一本在最短的时间内即可读完的最长历史跨度的画卷，一部第二天就过期作废的堆满了信息的书刊……立等可取的文化快餐铺天盖地，人人都被它的墨汁所涂染。那些精神快餐里边绝对不会有从茶香中才品得出来的阴柔醇厚，不会有闲趣或把玩，更不会有沉思或忧郁，它永远不会出现在一个伫立河边的人的静默的自语之中，它与内心和灵魂无关，它与诗性的东西一律无缘。布罗茨基有一句警言，"一个阅读诗歌的人，比不阅读诗歌的人更难取胜"，所以，诗性是它的头一号敌人。它所含有的只与取胜相关，与生存厮杀和操作速度相关。它是由纯粹的精神"激素"组成的，它造就了我们当今时代最为庞大的人选和群落——实用主义者。如果你知道吃速成饲料长大的家畜的特点，那么你就可以大致领略吃精神快餐长大的速成之人。

不禁想起爱略特的话：到哪里去找回我们在信息中丢失的知识，到哪里去找回我们在知识中丢失的智慧？

平常的浪漫

深刻之后是什么？

不平常之后是什么？

现在，我喜欢的倒是貌似肤浅的平常东西，因为对很多事物似乎已不再产生任何奇异的感觉了。R送了我两瓶卵磷脂。近日以来，如果说卵磷脂改变了我的人生观，似乎过分，但是，它的确大大改善了我的精力，我的思维在沉睡了这么多天之后，终于启动起来。

早晨，我步行去出版社的路上，呼吸着清凉的空气，心境安然，脚边满是深秋的落叶，踏在上面脆脆地响。我不想坐车，路面的舒展使我的思维流畅地伸延。在团结湖路上，我遇到住在楼上的一位女邻居，以往，她每次都是亲热温暖地与我打招呼，手里提着菜篮或几份报纸。菜篮里满满的，装着白胖胖的萝卜、嫩绿的湿淋淋的豆角以及脆弱得犹如爱情一般一触即碎的豆腐。有时候，那只菜篮其实并没有装满，但是，从她心里流溢出来的满足之感，也会使人觉得她手中的篮子丰盈得沉甸甸的。她的指尖尽管粘着蔬菜上潮乎乎的泥土，但是，显然那手指是属于浪漫主义的——修长而白皙。她的步履相当缓慢松弛，脚下的平底布鞋十分柔软，看得出那鞋子的用途首先是合脚舒适，然后才是美观。她的眼睛沉静而有内容，正像戴维·梭罗在《瓦尔登湖》里描述的那种，她的目光已经在阅历的磨刀石上磨过了。总之，她看上去，美丽而端庄，通体和谐而家常，是一种常规之美。她不是什么大人物，但却使我留有好感。

能够对这样一种平凡的美产生欣赏的感觉，于我是意外的，我以前总是对超常规的事物、甚而是怪异冷僻之美产生感觉的。

我一直对现实主义缺乏兴趣，但纯粹的浪漫主义又不免失之天真。我想，如果浪漫主义在阅历的磨刀石上磨砺一番之后，再加上现代主义的作料，便是一种出色的境界了。

我们迎面而过时，彼此点头致意。

我的脑子里迅速滑过"资深美人"这个语词。

不知道她是做什么的，也无须知道。她也许也在猜测我是何许人，也许她知道我是一个作家才如此热情。这些都无关紧要。

重要的是，我现在对平凡的事物更感兴趣。

路上的那个女人

　　初冬，天气格外好，晴朗无风且温度偏高，白天可见安静的云彩，晚间能看到游走的星星。

　　她走在街上竟恍惚以为是一个月前身处柏林的感觉。这种清冷无风，就像是她清寂而无言的身影，沿街走动，影子一般轻，淹没在杂乱喧哗的人群里。她喜欢这种漫无目的地沿着街边走，长衣随风而摆，领子高高竖起来，像一条清凉的鱼。她的身体看上去有些瘦弱，冰冷的指尖斜插在衣兜里，但她却很有耐力，可以就这样不经意地走上半天时间。她神情严肃而专注，仿佛奔赴一桩重大的事情。她不知疲倦地走着，习惯性地持续在一种思维状态里，坚定地移动着脚步，朝着一个认准的方向。

　　其实，她并不打算到达哪儿，去哪儿都行，她只是想在街上走着。初冬的秃树、林立的大厦以及汽车站上一片片黑压压的人群，不断地被抛向她的身后。她大大的黑眼睛总是茫然地搜寻着什么新鲜事物，又似乎空洞洞地什么也不想看到。她所看到的风景也许只是她脑中所想之物。她总是这样走着，走着……然后，忽然之间，就会孩子般地崩溃坍塌下来，一步也走不动了。

　　总是在黄昏时候，她的薄而瘦的身影就会移动在车水马龙的街上。她走路的时候，脑中的画面跳跃而繁杂，脑子里面那些声音和颜色的拥挤，使得她的外表看上去恬静得近乎冷漠。她走在街上，但她实际却离街上很远。街道似乎只是一个道具。她很难遇见什么熟人，即使是有哪一位熟人与她擦肩而过，她也肯定不会看见。如若凑巧被她看到一位，她便似乎像是撞见了一位相距很远很远又很久很久没有见过面的人（即使这个人——比如是她的一位近邻——经常在她的身边出现），她会措手不及，慌乱而局促使得她的脸颊红晕起来，她不知说什么好。不知为什么，这种时候，对于她好像永远是第一次，没有经验，无所适从。

她经常还会把自己湮没在高级购物大厦的琳琅满目的物品中，那些商品锃亮而夺目的艳丽光泽，与她身上色彩黯淡却质地高级的服饰，形成鲜明的反差。她的目光躲在深色的墨镜后边贪婪地呼吸着、汲吮着每一样物品。她对生活的热爱和激情似乎完全是在这里，因为这里的人群并不是人群，他们陌生、遥远得根本无法进入她的眼中。这里除了她自己根本没有别人。她喜欢这里就是因为这里没有别人。她喜欢那种拥有特异想法的物品，她与它之间似乎存在某种天然的暗语，无论它被放置在货架上多么隐藏的角落，她也能被它的无声的语言唤到它的身边，将它捕捉出来。她的纤细的手指触碰它的时候，似乎是在抚摸一个尖锐的或者温和的思想，她们的低语和交谈只是在绵凉而敏感的指尖发生，她的指尖上血管突突蹿跳，发出一声声细微的旁人听不到的惊叹，一种独特的语言。有时候，她并不买什么，只是走进商店，伫足在某一样物品前，轻声地"交谈"一会儿，就离开，似乎完成了什么心愿。

有的时候，她的身边会伴随一个年长的女人，那是她的母亲。她们经常不说什么话，只是轻轻地、若有若无地挽着手臂，默默走着，同"路"而异梦，各自沉浸在自己的心绪里。有时候，她们也断断续续说点什么，比如说起三十多年前的一件往事：母亲怀着她的时候，曾经吃过一餐兔肉，吃了之后就开始担心会生出一个长着兔嘴的孩子。这种担心一直持续到她出生才解除。她们一边走路，一边不紧不慢地交谈一些老而旧的琐事，或者交换对某一位她们共同的熟人的看法。她们默契地走在一起，思绪忽而聚合忽而分散，既交融又独立，似乎不存在牵强、约束的感觉……

今年的冬季格外暖和，这样轻柔的冬天已经久年不遇了，令她有点不知如何是好，受宠若惊，以至于傍晚走在街上的时候，对着这样明媚的天气竟

谁掠夺了我们的脸

然感动得有些担起心来——会不会是一个假相？在宁和的天气后边隐藏着什么阴谋或不祥？

　　她多少是个有点洁癖的人，冬天风沙里的城市总是令她生畏，从外边回到家里她常常要把衣服上的尘埃上上下下清扫一遍，然后再把自己身体裸露在外边的地方一一清洗干净，方可坐到沙发里去。

一味阳光

人说，胃，是五脏六腑之首。

又说，胃，是人的第二大脑。

多年前，我的这个"之首"或曰"第二大脑"被医院的权威人士盖上了大红章：萎缩性胃炎。之后，我的所谓人生观以及个人爱好发生了一些微妙的变化。以前以为重要的事物，忽然觉得没那么重要了；以前想不通的世间种种，忽然就想通了；以前为之蹙眉而沉重或痛心而疾首的诸多事端，变成了"罢了罢了"的一笑了之。

我对于中草药的热爱和兴趣，就是在这个时候掀起了一个"小波澜"。

最初，我出于文化上的一些旧有习惯，总是忙于归纳、整合——今天是日出时分胃疼，可是明天又变成日落时候胃疼，于是，用排除法总结出胃疼与日出日落的时间问题没有关系。我还以身试"食"，总结出哪些食物适于吃而哪些食物不适于吃。并且遵照"少吃多餐"的医嘱，给自己制定了一日四餐的食谱和定量。接下来，是严格地按照医生的规定，给自己列了一份西药药谱，以间隔开众多的其他药片的时间。这样坚持了一段时间，西药片也吃了一抽屉，依然是好好坏坏，时时发作，颇为打击我的生活热情。

于是，我想起了"治本"的中医。

中医倒是看过的，母亲曾陪我跑过几家中医医院，挂的是专家号，并且还和医生探讨了我的情况。但是，医生要看的病人太多，病人一个接一个进来又出去，那情景像在食堂里打饭似的——公共的饭菜既不会让每一个人都吃得合乎口味，但也决不会让人饿着——医生速战速决，匆匆忙忙就把我打发了，那草药自然是见效很慢。我便放弃了。

我多少是知道一点中医的。懒得冷冬里再跑远路去医院，更担心碰上一个母亲所说的"二把刀"开的药不对路。于是，我下了下决心，决定以身试"药"，自己给自己开药方。

活着都不怕，还怕死吗！死都不怕，还怕什么。

参考着中医书籍，我调动出自己仅有的不多的关于中草药的肤浅认识，经过一番精心研究，试着开了一服中草药方子。如下：

赤白勺 12g、香附 15g、川楝子 12g、柴胡 10g、栀子 12g、竹茹 12g、黄连 12g、吴茱萸 12g、蒲公英 12g、土茯苓 12g、霍香 6g、佩兰 6g

径自到药房抓了三服。一边看着药房的人拉开一个一个神秘的小抽屉，一边在心里默默核对着小抽屉上的草药名，不放心地看着药剂师抓的药是否准确。药剂师抓了草药并分成三份摊开，我隔着长长的柜台，闻到一股幽幽的草药香扑鼻而来。然后，再看她分别包好，提回家来。

怀着虔诚，用沙锅煎煮。滤出。那药汁清淡、稀疏，微苦。其时，正是中午时分，我端坐在大沙发里很郑重地喝那杯药，橙黄色的阳光正好从窗外斜射在杯中，我把药液在光线里晃了晃，让它尽量汲取阳光，淡棕的汁液便显得莹澈而清爽。当我把一杯草药喝完之后，便觉得连同阳光也一并喝进腹中。

这样一来，这服草药又多了一味：太阳光。

接下来，是默默地祈望出现奇迹。

果然，喝过一服汤药之后，胃便不疼了，而且也不再恶心。

我立刻把所有的西药片全部停掉，不再吃。心中充满希望。

母亲和我一样欢喜，不停地问，"真的管用？那些胃病专家难道还没有你行？"

我心中的兴奋比写了一篇好小说还要甚！这么长久以来令我痛苦不堪又无能为力的一件事，就要被我自己攥在手中了！我说，"专家肯定是比我水平高得多。只是，医生没工夫详细倾听病人的细枝末节，他不可能像病人自己那样知道自己的病情，自然就难于完全准确地确定是属于哪一种类型的胃病，只能笼统地宽泛地开药，当然就没有我给自己开的药到位。一般情况，医生摸摸我的脉，总是给我开疏肝解郁、理气和胃、消导芳香的药。其实，气郁化火，胃热则胃脘灼痛、嘈杂恶心，所以还得加上一些清热燥湿的药。"

我心里涌动着一股依靠自己的踏实感和成就感。这世界上再也没有比自己的命运在别人手里攥着更令人忧心忡忡了。

三服汤药吃过之后，已开始明显见效。我一边体会着自己的感觉，一边捧着医书琢磨起神奇的中草药。兼顾自己的其他症状，又重新调整了一下药方：

白芍 15g、香附 10g、川楝子 10g、枳壳 9g、柿蒂 9g、柴胡 6g、赤芍 9g、栀子 6g、竹茹 12g、瓜蒌 9g、霍香 6g、佩兰 9g

白豆蔻 6g、郁金 12g、川芎 9g、川牛膝 15g、甘草 3g

我给自己开的草药，比较起医生开的，惟一自信的一点是，它最适合我的症状。所谓的好与不好其实没有绝然的标准。就如同世界上的衣物与食品，好东西很多，但首先的选择标准是适不适合自己。

母亲说，"你气死医生了！"

我诚实地说，"是被逼出来的。"

自己开汤药治病的消息不胫而走。

有一天，一个美国的朋友打电话过来，开口即对我说："陈大夫你好！"我愣了一下，然后我们笑起来。

我与游走

你向之倾心交底的那个人，在你和盘托出的一瞬间，便对你拥有了某种权力——你的秘密将成为那个人永久的武器——尽管此时此境中的两个人都身不由己地陶醉于伟大的真诚情谊之中。

拒绝一个人的最好的办法就是:尊敬他,并和他拉开距离。

所谓敬而远之。拒绝,是一种力量!

你看到的是
你想要看到的

似乎，我一直习惯于，所有的外部事件都从精神内部开始启程。

春节期间，我踏上了欧洲之旅。对于我这个出趟门几乎要把整个家都背在身上的人来说，在外的旅行于我几乎只是一场"体育运动"，而我精神的旅程是在我回到家之后，重逢了我熟悉的书房桌椅，重逢了我习惯的龙井绿茶，甚至是穿上了干净柔软的棉制家居衣服之后，我的精神旅程仿佛才刚刚开始。

昨天读到萨特的一段话，深有感触。他说："我尊重一个左派的老人通过他的举止行为教导我的所有右派的生活准则。真实和虚构是一回事，为了感受热情，必须假装热情。人们教导我，我们在世上是为了互相演戏……我扮演了一个"不真实的主角"。

很多时候，人们活在自己的想象中。

譬如我去过的卢森堡。比较繁华如梦、人流如梭的巴黎，我格外偏爱卢森堡这个优雅、无人、安闲、富足的小城，那是一个可以读书思考、可以深爱一个人的地方。走在湿润静谧的石子小道上，路两边是含蓄典雅而不流光暴富的时装商品橱窗以及袭人的鲜花，还有傍晚时分教堂传来的深邃低沉的钟声弥散整个小城，走在这样的声音和视觉中，人是可以与内心与灵魂相遇的，我心里一路感到惆怅……比较而言，我们身边有些地方，富丽堂皇、流光溢彩、嘈杂喧哗，最重要的是普遍的人文环境，真像一个"暴发户"！我深深怀念卢森堡，期待再次与之相遇！

可是，在前几天我的家庭聚会上，我的哥嫂说，他们所看到的卢森堡全然不是我描述的样子，简直就像北京的一片郊区。后来，我们询问了彼此到过的位置，发现我们到过的地方可能完全是岔路。事后我想到，也许不仅仅是岔路的缘故，还有另外一个问题——那就是：我所看到的卢森堡是我想要看到的卢森堡，是我脑子里幻想的卢森堡。

那个在卢森堡小街上的傍晚，我们几个同行的人彼此间距很大，我在现实中走着，脑子里却完全是"走神"的游离恍惚状态。那样温馨舒雅的景致、那样虔诚低语般的教堂的钟声，我的脑子里纷乱地冥想：这就是我想要生活的小城，人们有信仰所以有所束缚，有一个德、行、言的底线，那将是最基本的安全感。我不需要庞大的社会、众多的熟人、鼎沸的名声以及万贯家产，在这里只需拥有一个亲密的人，我们温暖地交谈、生活和守候，足以！

这时的卢森堡已经成为我的梦想，它与是否属实无关，与是否真实无涉！它仅仅是由欠缺所构成的一份联翩的遐想。

我所看到的是我向往看到的！

我还想说，在这里，我成为"风景"的一部分，你看到的我，是你想要看到的我。所以萨特说，我扮演了一个"不真实的主角"。

我们每一个人所互相看到的，也许都只是我们想看到的。

　谁掠夺了我们的脸

情场咖啡厅

在巴黎的香榭丽舍大道，很遗憾没有时间坐到咖啡馆里享受一段悠闲的时光，哪怕只是在角落里静静品味一杯法式咖啡，沉浸一下，怀想一下，然后再匆匆上路，背着我的行囊，背着往昔所有所放不下的什么。

在这里，我想起杜拉斯在《第六区的乐趣》中提到一个叫做"两个烟蒂"的咖啡馆，它是当时巴黎第六区有名的作家、艺术家的出入之地。这篇文章平平常常，吸引我的只是这个咖啡馆的名字：两个烟蒂。这个名字提供给我一种难以用词藻或句子传达出来的画面感，这图像如此清晰，令人黯然神伤又怦然心动。

让我们用想象来感受一下夜晚的这个咖啡厅的景致：

场景 A：

有两只红红的、一暗一明的烟头（烟蒂熄灭之前）隔在桌子的两旁，交相呼应地闪烁，那雪白的烟支就衔在两个人微启的唇间或纤长的指缝里。在这样的一个幽静而略显萧瑟的夜晚，咖啡馆里的人影渐渐散去了，那些还带着离去的人们体温的木椅忽然就空了下来，周围的烛台也在一点点变得黯淡。在这样一间半封闭的咖啡馆里，只剩下你们这两只闪烁着殷红色的香烟在默默地交谈，以烟叶燃烧发出的咝咝声来交谈。你们没有语言，但交谈在沉默中却从未停止——那过去了的凋零的往事与殒逝的岁月全都滚动在你们的唇边，随着吮吸的烟雾一同深深咽进腹中。逝去的已经逝去，成为一个辉煌的废墟，再也无法弥合，再也无法修复。人世间的一些事情就是如此脆弱，不堪一击。与其说两只怀旧的烟蒂到这里来相聚，莫如说是赶到这里完成了分离。

场景 B：

沉默中，也有另外一种情形在两个人之间发生、进行——相爱至极、欢喜至极的伴侣。依然是烟蒂对着烟蒂，隐匿的激情与心声却借着倾吐的烟雾奔向对方。所有的声音都多余，所有的言语都消隐退去，只有这两只闪烁的烟蒂灿若红唇，因为幸福而燃烧。有一些事情即将发生，有一些秘密你们将永生守口如瓶，同谋的感觉使得你们形影相随，倍加亲密。昏暗中，对方的轮廓成为一个迷人的深渊，瞳孔是这个深渊的入口，彼此探寻的目光无论伸得多么绵长也望不到尽头。你只好埋下头颅，用力地吸食香烟，用力地使之缩短，借此似乎才可以触摸到那个致命的尽头。

场景 C：

美妙的敌人也会在这里静静地相遇，伪饰的热情悬挂在脸孔之上，手指喧哗着，彼此递上刀刃一般雪白的香烟，然后在桌子的对面吐出一股股无声的寒气。此刻，唯有烟雾是最好的屏障，正好遮掩假笑里边的毒光。在这里，依然是烟蒂对着烟蒂，缄默中捻灭又燃起。世上，没有比仇恨更最深刻的激情，没有比敌意更忘我的动力。为何竟忘记它的益处——你对面的那一只烟蒂？试想，你的骨头为何如此之硬？你的才富为何如此丰盈？你的生命又是为何如此蓬勃？感谢你的敌人吧，是他（她）的力量从反面支撑了你。由于他（她）的存在，使你得以延续。

……

"两个烟蒂"，多么微妙。

　谁掠夺了我们的脸

安宁的长憩

如果说，途径卢森堡使我联想到适宜的居所场景的话，那么在荷兰阿姆斯特丹的短暂逗留，使我再一次联想到生命的终极问题——死。

坦白地说，阿姆斯特丹并未给我留下美好的记忆。无论是古老的风车、传统的木鞋、原始的水上船屋，还是花街的成人秀，以及橱窗门后伸手可及的花枝招展搔首弄姿的妙龄女郎……这里的一切使我更多地感受到"原始状态"，或者说，它如同一个大农场贴近生命的原生本色。但是，据说这里是全世界政府给与人民的自由度最高的城市，比如安乐死、同性恋、大麻、嫖妓等等在这里都合法化。我们同行的男男女女都为着其中自己向往的某一条而眼睛发亮地打算着再来此地。

阿姆斯特丹一直细雨绵绵，天空阴霾，我在河道如网络一般稠密交织的路面上踟蹰而行，眼睛似乎看着遥远的什么事物，其实什么也没看见。不时有吸着大麻擦肩而过的男人或女人留下一缕飘逸的"香气"。似乎有若隐若现的乐声从远处或某只窗户里溢出，袅袅而来，我听不清，但我想象那一定是《我已忘记生活》的忧伤调子，如泣如诉，回肠九转。在花街这个肉欲的巷子里，我听到的仿佛只是爱情的丧钟。

我躲在雨伞下，似乎为自己撑开了一点独处的空间，使得心里那些外人看不见的某种"流动"得以延伸。我一边走，一边想，我在想安乐死这件事，也想起一个我"熟悉"的女人的结局……

法国的女作家弗朗索瓦·萨冈是我喜欢女作家之一，我从看她的第一本

贺卡潜台词

圣诞、新年、春节，全世界的上空飞扬的花花绿绿的卡片比雪片还多。

若把卡片归类划分，我想除了我们大多数通常意义上表示善良的问候、祝福和礼仪的贺卡之外，还有一些卡片具有另外一些隐蔽的意图——那一声节日的问候，一个温馨的笑容背后，没有落在卡片上的潜台词，我想可能还有如下几种：

1. 以友谊方式出现的交换——潜台词是，我记得你，给你寄上一张贺卡，希望在接下来的一年里，如果我有什么事需要你、求助你，你一定不要忘记我啊。

2. 礼尚往来，寻求等价——潜台词是，我寄贺卡给你，只是因为你寄了贺卡给我，如果我不回赠你，就失礼了，以后有些事我们就不好办了。

3. 淡化或消除隔膜和仇恨——潜台词是，我们虽然有所分歧，但我们依然是同事，新的一年请不要再难为我吧，让我们彼此藏起内心的反感，我先在这里求和了。

4. 深挚情谊的掩饰——潜台词是，这个岁数了，再说思念、伤感之类的就有点不好意思了，卡片上印刷的那些激情万丈的肉麻句子，虽然不是我写的，但是它代表了我的意思。

5. 貌似礼仪的攀附——潜台词是，你既不是亲戚又不是酒友，寄这么贵重的贺卡，送给你的感激之言其实是想得到更大恩惠的隐秘渴望，请你来年封官加冕、发放奖金时多多想着我啊。

6. 一份欠情的弥补——潜台词是，你生病住院了我却假装不知道没去书《你好，忧愁》就开始关注她这个人，而对很多的作家却是你无论看了他多少书也不想关心他本人的。萨冈19岁成名，年轻时喜欢酒精、毒品、爱情、跑车、赌博，喜欢一切刺激、叛逆和挑战。也许，是她的行为替我宣泄了某种内心的疯狂；也许，是因为我只能隐居在东方文化深刻的平静中。所以，我一直把她这个人当作"行为艺术"来欣赏，而对另一位更加贴近我内心的法国女作家尤瑟纳尔，我则把她当做高度的人格和艺术力量来崇敬。

早年，我曾在某篇小说中引用过关于萨冈的一段戏谑之言。有一个男人在评论萨冈时说，可怜的老弗朗索瓦·萨冈，如今她已人老珠黄，再也赶不上当今的文学新潮和后起之秀了。表面上看，她的经历就像那些中古时期美人的生平：十四岁花开，十五岁被采，三十岁色衰，四十岁满脸皱纹……后来有一位女人，以牙还牙，她虚构了一个叫做萨冈的男性作家，对他进行了回敬。她说，可怜的老弗朗索瓦·萨冈……表面上看，他的经历就像那些中古时期游吟诗人的生平：十四岁手淫，十五岁初试云雨情，三十岁阳痿，四十岁患上了前列腺炎……

可见，即使在法国，萨冈这个人也是引人注目、颇具争端的。我记得她的样子，仿佛正如西班牙女作家罗莎对乔治·桑的描述一样：她有一种蓄力，犹如一种强大的和不被驯服的生灵。尤其是她奇特的眼睛，像一个坏念头那样乌黑，那双眼睛好似淹没了她整个脸庞的幽湖……她的行为艺术中还有一些令我至今铭记：她总是忽然停止某件正在发生着的事情，譬如放弃爱情，因为她不想看到它继续朝着不美好的方向滑行一步；还有，她动情地爱狗不亚于爱一个人，我曾看见过英姿飒爽的她头倚高大的爱犬在敞篷汽车上的珍贵照片；还有，她爱女人一如她爱男人那样疯狂，人性的复杂与多重性在她身上体现得如此饱满与丰盈……事隔多年，当我经历了一些事情，当我与爱犬三三相遇，想起萨冈，我是那样深切地懂得她，懂得她的被孤独包裹着的爱，懂得她的一切。

这样的一位富于激情与叛逆的人，这样一个洒脱不羁甚至放浪形骸的不为任何理由出卖自由的人，她晚年的凄清、萧瑟与落魄几乎是必然的结局。她晚年因被牵扯到一桩偷税漏税事件，被迫卖掉了房产，住到别人的房中，借债生活。至死，她没有一间自己的屋子，最后孤独地死在不属于自己的地方。病痛中守候她的只有孤独。法国文化部长曾说，"在她生命结束之际如此孤独的境况，令人侧目"。

衰老、病痛、拮据、孤独……令我心痛的弗朗索瓦·萨冈，那时候倘若有安乐死，多么好。

在阿姆斯特丹阴雨绵绵的小巷，我的脑际一直徘徊着安乐死，也萦绕着每每令我含泪的弗朗索瓦·萨冈的墓碑铭文：

这里安息着
不再为此痛苦的
弗朗索瓦·萨冈

为了明天，我想低声呼唤，与其说安乐死是最为人道主义的，莫如说它是我们所有的人对这个文明世界的最后的一份安全感！当我们无助地面对无法挽回的病魔痛苦、无法承受绝症带来的非人的折磨之时，它是唯一让我们解脱、成全我们不继续被痛苦击垮吞噬、让我们带着一点人的尊严奔赴天国的保障！这时候，金钱救不了我们，爱情也救不了我们。正像它们最终解救不了人的孤独感一样。

阿姆斯特丹街头的细雨布满了凉意，轻风抚过脸颊摆弄着我的围巾。在这远离家乡的冷冬的二月，我沉湎在某一个"尽头"，某一处"禁期"——我在设想自己的结局：待到那个最后的时辰，我想我会理智清晰地交代好一切后事。然后不用说一声告别、"不带走一片云彩"，只身前往阿姆斯特丹（或者其他实施了安乐死法的地域），独自办理手续，独自在异国他乡把自己静悄悄交给上帝……

阿姆斯特丹，仅仅凭安乐死法（律）这一条，我向你致敬！

> 谁的末日也不是世界的末日
> 谁的忧伤也不能使海洋滚动忧伤
>
> 思念与不再思念
> 留下什么与不留下什么
> 庞大的生活仍将继续
> 欢乐地耗尽它昔日的容颜
>
> 谁也不是谁的
> 一切过眼云烟
>
> 我和你，曾在这个世上彼此拥有
> 一如我们什么也不曾拥有

很多年很多年以后，在一处杂草丛生、萧然零落的荒地，细雨绵绵中，几个路人避在黑伞之下，无关紧要地悄声说：这里安息着不再为此忧虑的陈染，据说她是一位作家。

"这里"——是哪里？

请原谅，我已不能再起身告诉你。

处处是他乡

你独自站立在那个琳琅满目的大商城之中环视，缓慢地穿梭在货架之间堆得满满的物与物的崭新而陌生的簇拥中。你视域所及，人影稀疏，唏嘘凋零，你甚至听不到自己的脚步声。你引颈倾听，发现只有从天花板上渗漏下来轻轻纱纱的若断若续的钢琴或小提琴的乐声。你走上电动滑梯，一缕黑色的瀑布悠悠地在你的脚下升起，一位貌似熟人的陌生者的侧影在你身边忽悠一闪，就沿着迎面而过的下滑的梯子消失不见了……

这个时候，异乡人的感觉就忽然地在你的心头浮现了，一种模糊不清、游弋不定的遥远的想念笼罩了你的视线——即使这个商店就在你生活的城市，它甚至就在你所居住的那个街区，而且你还经常光顾这家商店——但在这一瞬间，一种奇怪而莫名的异乡人的流落之感仍然会把你完全地统占。

你行走在那条傍晚的宽阔的马路上，街道仿佛与它躺在阳光之下的时候发生了某种说不清的变化，它的冰冷而僵硬的样子忽然使你感到陌生。你驻足环望，在你身边，那些素稔的橙黄色的街灯高高悬挂，道路两旁到处霓虹闪烁，橱窗林立，身前身后急驶飞驰的车流如同奔跑的风，从你面前呼啸而过。这种熟悉的景物并不足以使你感到异样。你走上街牙儿，试图贴近马路的边缘，以便看清什么。你看到街身凹陷进去的那片凌乱的工地上，穿着肮脏的工作服的民工们，正在露天旷场上一边捧着饭盒吃饭，一边操着他们的外人听不懂的家乡话大声喧哗嬉闹。这些艰苦的异乡人如同在自己的家乡一样欢笑、和谐，而你这个躲在自己的城市的闲庭漫步者却像一个流浪人一样暗自忧伤。

一个异乡人，并不完全取决于是否身处他乡。你的心漂泊着，思念或牵挂着什么——一个人真正孤独的时刻，就是一个异乡人。

　谁掠夺了我们的脸

聚散离别

1. 内心的光线

我一直觉得北京是个奇怪的地方，人们在这座繁华如梦又冰冷如铁的都市街景中貌合神离地擦肩而过，各怀心事却从不相约。多年之前，当我还是一个缠绵善感、满腹古典情怀的女孩时候，常常在这座无坚不摧的城市的某一高楼窗口，在人群之外独自观望这里的用政治的颜色涂成的一屋一瓦、一草一木，心里无比孤单和惆怅，年轻得没有一个朋友；多年之后，这个城市忽然又转向另一个方向，人们经常会像夜行虫子一样聚拢成群，推杯换盏，觥筹交错，纸醉金迷，似乎一夜之间又都亲如兄弟姐妹、情情爱爱，其实酒醒以后谁都知道那不过是另一场梦幻，人们又被另一种谎言包围住了——在暧昧的笑脸和眼风的背面，多是赤裸裸的两个字——利益。友谊和真情依然是奢侈品。只不过，这时候我的"免疫力"已锻炼得差不多坚如钢铁，更是极少出门了。

所以，当主办人邀请我和一行人去云南时，我在心里是颇为踌躇的。直到最后，终于一咬牙，跟着"组织"走了。

没想到，我竟意外地在云南寻到一些珍稀之物。

首先寻到的这个"珍物"是在我的身体内部、在我的心里悄悄发生的。不知是因为在松赞林寺净心，还是在白水台寻梦，是花都的花还是九乡的酒，是农家乐的乐还是黑龙潭的谈，不知不觉间，我发现自己在心里悄悄发生了点什么。到云南之行结束的时候，愈发坚定了我的发现。

在九乡，是我们一行人的第一次集体高潮。中午，九乡某局的女局长请我们在一个其大无比的山洞里野炊。我们跋山涉水，深一脚浅一脚，有惊无险，好不容易才会合到山洞中，各个脸儿都被晒得红扑扑的，而且已是又渴又饿。女局长大约30岁，不太是我印象中常规化的那一种干练的女官人的样子。女局长姓杨，随行的人都叫她"杨局"。杨局身材婉顺，神态有点儿妩媚，有一股沧桑和风尘的韵味。林白私下对我悄悄地称她为"狐狸精"，而且注释说这里的狐狸精是褒义，是一种对她的欣赏和赞美。这时，杨局介绍说，今天请我们喝的是彝族的甜米酒，不醉人的，就像饮料一样。杨局话音刚落，渴了一路的小斌就不请自饮地喝起来，眨眼工夫，谁都没顾上她呢，她"老人家"那两大杯米酒就倒入腹中不见了。她真的把米酒当饮料喝了。等我们大家坐下来，一转身，发现小斌已是满脸通红，冲着我们得意地嘿嘿傻笑。她那天正好戴了一副红框子眼镜，结果红彤彤地燃烧成一团。解了渴的小斌竟不自知，还要继续喝。我们一边慌忙阻止，一边笑她。小斌的冲锋陷阵无疑为我们敲了警钟，对米酒的厉害已略约心中有数。这时，杨局开始为我们敬酒了，果然，这个女人不寻常，一出手就不同凡响，一大杯一大杯地喝，我们都被她娇柔媚态地劝喝了不少。王朔也来劲了，一张嘴就露出英雄本色：杨（局）菊花啊杨菊花，原来你就是靠喝酒当上的局长啊，咱们把剩下的酒都喝了！我看着王朔不遗余力的样子，就想起他的那句自我表扬的话："一想起自己，就觉得比别人善良。"那天，王朔喝高了，但酒醉仍然挡不住他聪明透顶的妙语连珠，挡不住他舌头底下飞出的"刀光剑影"。

我已经好久没有如此放松地喝酒了，规律和节制已经长时间地成为我的生活习性。激情成为我严重的困难。多年来，我一直想弄明白我到底要明白什么。我的热烈、我的愤怒、我的反抗、我痛苦的幸福，都藏到哪里去了！可是，那天，忽然之间我就放弃了冷静的原则和立场，谁来跟我碰杯，我都喝。我重新发现酒真是好东西啊，它使人可以在一段时候里处于自然的本能状态。如今，我们已经越来越难以自然了，越来越难以做一些无目的的事了。而自然和无目的对于身处游戏规则之中的理智的我们，是多么的弥足珍贵！

徐虹坐在我身边，有位男士又来给她劝酒了，她做出不胜酒力的样子，脸颊粉红色地开放着，款声款语地推托，内敛的容貌情态透出一种不易察觉的敏感，一种含蓄和模糊的美质、低调的热烈和体贴，看着令我不忍。于是，我拿过她的酒就替她喝了。真是久违了啊！其实从前，我骨头里面一直就是一个不那么热烈也热烈、不那么绝望也绝望的人啊！徐虹大概也是不忍，赶忙说，那我替你吃点什么吧陈染。

这一天，林白、敬泽、华栋也都喝高了，一帮人群魔乱舞，疯成一片，挡都挡不住。小斌柔细的歌喉更是唱破了山洞，穿云裂石、直冲云霄。只有冷静的阎连科，人不知鬼不觉地溜进了山洞里边，探寻光线与生命的某种深度去了。

在云南晴朗的天和湿漉漉的地包围缠绕中，我忽然觉得自己变得愿意和人群坐在一起说点什么或者不说什么只是轻松地坐坐了，愿意就那么闲闲散散喝喝酒、饮饮茶，不交谈也是一种交谈。我似乎产生了一种多年以来不曾有过的那种集体的温馨的感觉。而集体，一直以来都是被我排斥在外的，或者说我一直是被集体排斥在外的。没有目的的生活是多么异样而美妙的生活啊！也许，平日大家在北京久违"沙场"，相聚的目的性早已明而又明、确而又确了。我们已经不会了虚度良宵，我们已经不会了发疯。所以，此刻这种温馨惬意的感觉的产生，使我格外惊讶。我再次觉得，人生的一些时光、一些良辰，必须虚度！我甚至觉得有可能和某人发生一点真诚的友谊。这个情况对于我来说实在是太久违和意外了！试想，一群人天天在北京毗邻而居，却同"城"异梦，视而不见，远若天涯，偏偏到了云南，聚到一起，才找到那么一点感觉。真是既荒唐又珍贵。这也许就是云南的天灵和地气所致吧。

这种从心里滋生出来的感觉，可以说是我在云南寻到的最珍贵的。

2. 变形木与洋菊花

大概是长时间与人群的隔膜疏离，我变得十分热爱物质，热爱消费，甚至有些"购物癖"。我在云南寻到的第二种珍稀物就是那些极富个性的变形的脸谱、陶土、木雕、长瓢、鱼板花,这些稀奇古怪的艺术品,在我抵达云南的第一天就已成为我的预谋和猎取对象。我选择了合适的一天,就单独行动起来。我请当地写小说的朋友驱车来接我,我们饿狼扑食一般一路狂奔,几乎忘记了说话。朋友正有一些苦恼,一些隐痛挂在他的唇边。但我粗糙地视而不见,忽略过去,我的脑袋已经被即将看到的另外一些东西占满了。我们奔向云南红土高原的一家艺术制作坊。

我相信,我见到那些宝贝的时候是两眼放光的。作坊的院子里、台阶上和窗台上到处是造型夸张、简洁粗朴、神态各异的手工制品。这些陶土、壁挂、泥塑散发着一股对远古的追思,一股对原始图腾与禁忌的心灵震颤,心里似乎有一种飘浮的东西在现实与梦想之间盘旋。我一直对抽象变形的艺术怀有偏爱,特别是对那种损旧凋残之物,怀有一份深深的伤旧惜古之情,仿佛内心的某种残缺和曾经的伤口都会在它们身上得到抚慰。而逼真写实、浮华艳丽的那种饰物,一向为我所摒弃。在这里,我似乎找到了审美的契合点。我的欣赏和贪婪的目光流连在每件艺术品上不肯离开,似乎想把整个作坊都买回家。

在朋友劝我节制的说服下,我也一再努力说服自己,最后精挑细选还是挑出了两箱子。带不回来的只好忍痛放弃,拍了照片留念。这种时候,奋不顾身的我余勇可贾,根本不考虑怎么把他们搬回北京家里,而且谁阻挡我差不多就要跟谁急了。

事实证明,回程返京的时候,若是没有同行王朔绅士般的帮助,我是很难把这些宝贝弄回家里的。

云南的鲜花虽不能说是稀有之物,但是,鲜花市场之庞大之壮观,于我也算是叹为观止了。市场里大约有几千个摊位,是全国最大的鲜花基地。据说,香港、北京、上海和东南亚都是从这里把鲜花空运走的。这里的鲜花并不能称奇,稀奇的是鲜花论公斤卖,满天星 15 元一公斤;康乃馨 5 元左右

（记不清了）一公斤，大约400支；玫瑰有红衣主教和白衣主教，都是10元卖200支。兰贵人、太阳菊、巧姑娘、蝴蝶兰都比蔬菜还便宜。干花大多是5元一公斤。有一种叫洋菊花的干花一下子就夺走了我的目光，一朵一朵菊花样的花朵艳丽无比，色彩纷呈。在北京我记得这种洋菊花大约是180元一公斤，用来泡水渴的，据说清热解毒、滋阴养颜。而这里的洋菊花才13元一公斤，我想都不想就买了一公斤装在塑料袋中。

这时，不知从哪个角落传来幽幽的笛声，徐虹兴奋得眼睛亮晶晶的，不住地感叹，似乎笛声缠住了她的身体。见到她的样子我就忍俊不禁，就觉得她应该生活在《红楼梦》的大观园里，整天与宝哥哥林妹妹们一起品茶吟诗游园子，生点小气流点眼泪，爱一场恨一场什么的。总之，是一多愁善感的"妹妹"料。我们一起流连在鲜花丛里，闻着清醇的馨香，倾听着幽幽的笛声，沉浸在各自纷至沓来的联想中。这馥郁的芬香和缭绕的笛声太让我有感觉了，使我不禁忆起多年前我在雨幕低垂的西半球的一幢红瓦顶房子里的情景。那一天我立在放满鲜花的窗边，听着从另一个房间传过来的低回绵长的笛声，彻腑绝望地哭泣。如今真是恍若隔世啊，那时候多年轻啊，绝望也是一种激情啊！现在，谁还敢绝望？绝望和希望同样可笑。

如果，这时候我们一行人能有个地方坐下来喝点酒，肯定会大谈人生的，恐怕也只有在喝高点的时候才大谈人生。否则，谁还谈啊。

这些洋菊花事后还带给我一个不小的惊诧。回到北京，我打开箱子一看，呆住了，一朵一朵的洋菊花全都凋散了，一口袋的艳花都合上了花瓣，缩成一团，如同一只只关闭的眼睛。也许是缺光少氧的缘故，那些绚丽夺目的菊花瓣都变成一个个色泽黯淡的"石头子"。昨天还是一口袋鲜活艳丽的花朵，今天就变成了一口袋的"石头子"，我有点想不通。这可是干花啊，不应该啊。我失望地站在"石头子"旁边，认真地生了一会儿气。最后，还是决定把它们扔掉。我把盛花的袋子丢在垃圾桶旁边（一时还不忍心扔进垃圾桶里），打算等收拾完行李再把它们与垃圾一起扔掉。

一小时后，我洗完澡从浴室出来，漫不经心地往那些已经彻底枯萎的"石头子"上又丢了一眼，结果，就是这一眼，奇迹发生了——那些已经"死去"的花朵，重又一朵一朵地生还、绽放开来，饱满、鲜润、蓬勃，旺盛得如同在一张静物写生的油画里夺"框"欲出。我惊讶地呆住了，一时不敢相信自己的眼睛，又看了一会儿，认定的确是"石头子"又变成花朵了，赶忙欣喜地把它们装进一个核桃木的镂空容器里，装不下的又盛在玻璃器皿里，然后摆放在家中最为显眼的位置，等待家人回来欣赏。这些洋菊花由于获得了充分的光线，盛开得越发疯狂，结果膨胀得在容器中挤来挤去，互相"推肩搡臂"，一些在容器边上的花朵就纷纷被挤落下来，撒落一桌一地，真是"大珠小珠落玉盘"。这时候的我，十分有成就感。

　　洋菊花和那些怪怪的长瓢木雕土陶，算是我带回来的又一珍稀之物吧。

　　"一次相聚也是一次别离"。现在，看见那些从云南带回来的宝贝，还会使我想起我们的一路欢乐。

　谁掠夺了我们的脸

我与家

生活最终教会我们的无非是——如何学会闭上一只眼、如何学会只说出半句——这个简单又艰难的事情。

说谎者内心积蓄的矛盾与痛苦比听到谎言的人更甚。人们很少关注这一点。

乐在悠游

我和母亲有个闲走的嗜好。每次，我们一起出去办事，总是先坐出租车径直前往，任务明确。待办完事，我们便轻松而愉快地失去了方向，没有了目标，我们在那个完全陌生抑或旧时熟稔的地方，引颈环望一阵，然后就凭感觉不定向地闲走起来。无论是旧地重游还是开发"新大陆"，在我们貌似随意的脚步深处，其实都潜藏着一个连我们自己也未曾清晰明了的愿望——那就是希望遇见一个能够触碰我们脑子里某根神经的景物或人物。就是这种未知感吸引着我们的脚步，使我们在夕阳西下的时辰，在北京喧哗的大街或者凋敝的小巷，东张西望地走上一个小时或者更多的时间。

这一份莫名的期待，我和母亲是如此相同。

我们通常喜欢选择在陌生而安静的胡同里闲走，特别是那种细肠子似的幽深的窄巷，一扇扇残损的木门掩映在树阴里，临街的窗户低低地挂在胡同的一边，路人伸手可及，使我常常替窗子里边的秘密或安全担心。我们一边走路，一边想象木门或矮窗里边的故事。我们还可以想象此处正是"伦敦的郊外"，也可以想象另一处地方是墨尔本的住宅区。

事实上，我们也的确在漫无目的的闲走中有过收获。比如，我们曾在三里屯的一个街角处，发现一家专卖艺术装饰品的小店，"酷"得很有风格。那天，我和母亲走进小店后，几乎同时被一扇墙壁那么大的一块亚麻布吸引住，这张乳白色的亚麻布上有几行不太像样的毛笔字，仿古的一种什么字体，看不大懂。稚趣、艺术感以及一种对权威意识的不屑和反叛，跃然布上。问及这块亚麻布卖多少钱，售货小姐答说不卖，说那是店里的装饰品。停了一会儿她又说，你们若是喜欢，也可以卖。接着她说了一个很大的数字。终于把我和母亲吓走了。那一段时间，我正面临装修新居的麻烦，我不会画画，商店艺廊里的那些商品画显然是引不起我的兴趣，而新居的墙壁又需要装饰，于是，使用亚麻布的思路便在这时豁然打开了。说学就学。我们先到美术馆买来了亚麻布和很专业的颜料——马利牌"书画特黑"。然后，母亲执笔（母亲的毛笔字向来是训练有素的），我谋划内容和图面结构。我策划了不居中、不对称的布局，让母亲用大小长扁不一的篆体字，在亚麻布的右上端，书写我自拟的一服常用中草药方子，字迹占用的面积并不多，我们让大片大片的亚麻布沉着地空白着，就如同人们没有表情其实正是一种表情一样。最后，我们钉上一条显得粗糙的木线，然后就把它挂在门厅的墙壁上。它硕大得几乎占用了整整一面墙。它的内容——中药方，质地——亚麻布以及它的形式感——画一样的字和不对称的破坏常规的布局结构，无疑都展示着制作者本人的生活姿态、艺术倾向以及世界观。这是在任何艺术专卖店里都买不到的，无论多么高档的，都无法如此贴近我本人的风格。

我和母亲合作的这件装饰物，现在就挂在我自己家的门厅。这算是我们闲走时意外的收益吧。

有一天，母亲陪不识路的我到地坛公园一带的《香港文汇报》驻京办事处领取稿费。办完事，我们就沿着护城河河沿像往常一样向东闲走，树阴遮挡了西下的阳光，我们隐没在阴凉里一边闲散地走着，一边东看看西望望。河床斜坡上边就是拥挤如潮的车流，而一坡之隔的河沿边，却是异常的寂静。我们偶尔在一个悠闲的钓鱼者身后站立一会儿，看看有没有鱼儿上钩。然后，继续走。我们猜测着某一位纳凉人的身份，或者猜测擦肩而过的一对男人和女人的微妙关系。我们一直走到"禁止前行"的木栅处，才停住脚步。离开河沿，攀陡坡上了马路，然后折进一条幽僻的胡同。

我们在这条胡同里发现了一个寺庙——通教寺，这是我在北京第一次看到尼姑庵。

谁掠夺了我们的脸

推开重重的木门，探头向里边张望，正有一个尼姑款款走过来，她身着浅灰色粗布衣，秃着头，相貌端正灵秀，脸色十分苍白，一望可知是在那种长年不见阳光的阴郁的庙堂里久呆的缘故。她看上去还很年轻，20 多岁至多 30 岁的样子。不知为什么，看着她一步步走过来，我心里忽然发虚，一时紧张得不知如何与走近的她搭讪。倒是母亲临时抓到一句话，说："请问，这里能参观吗？"尼姑一边从我们身边走过去，一边摇了摇头，说"不"。她多一个字也没说，就消失了。我和母亲呆呆地立在那儿，不好往里边走，又不想就这样空空地出来。迟迟疑疑地四处张望了一会儿，还是退出木门，离开了。

从离开通教寺大门的那一刻开始，我心里就乱起来，一串连一串的问题波涌而至：一个尼姑，表面的平静之下，她的内心世界里都装着什么呢？她读过很多书吗？她的感情是忧郁是冷漠是绝望还是激昂？她每天单调的日子是怎样度过？外面咫尺之隔的繁华世界对她不构成诱惑吗？她是否拥有过爱情？一个斩断或隔绝了爱情的女人是什么力量使她生活下去？她的欲望呢？她与亲人如何相处？她还需要朋友、需要理解吗？她是否比我更懂得人世的炎凉与艰辛？一个在事业上或者在情感上成功的女人会选择这里的生活吗？……

许多问题一下子将我占领，脚步沉甸甸的。

默然地走了半天，我说，"也许将来到这里安度余生也是个选择，养心怡性，读书思考，算是个平静的收场。"

母亲和我都没再说什么。

我记住了这个地方。

这已经是多年以前的事情了，但闲走的乐趣我们至今延续着。

寻找的生活

　　世界上恐怕再也没有比我母亲花费在找东西上的时间更多的人了。她每天都在找，就是不能物归原位。出门前等候她找钥匙和钱包，已是我的必修课。每每我总是想起一则小故事，说是一位先生在携太太出门前总要等候她很长时间地化妆，后来他索性把这个时间用来读书，终于成为一个大学问家。每想到此，我便有些后悔自己，若是我把等候母亲找钥匙和钱包的时间也用来读书的话，说不定也是"学富五车"了。

　　偏偏我是一个急性子，多少次建议她物归原位终不见成效之后，我便失去了耐心。于是，我便在正式起身出门前的 10 分钟或 20 分钟，就造声势说该走了，待她找完出门前的必带的那几样，我才起身整理自己——这样就从从容容任她去找了。

　　平时，母亲找的东西真是太多了。

　　护肤霜在碗橱里出现，一点不新鲜。我不用盘问就能做出这样的推理：母亲在卫生间洗完脸擦着护肤霜，这时厨房的烧水壶叫了起来，水开了，母亲奔过去关火，然后打开碗橱取水杯沏茶，这样，护肤霜就顺手留在碗橱了。顺理成章。

　　有一次周末，母亲找眼镜（这是她每天都要找的东西之一），因为她没有眼镜几乎什么也看不清，于是便发动我和哥哥帮她找。我们找遍了全家所有的角落，枕边、床下、被子里、沙发靠垫后边乃至所有的抽屉，当然没有忽略厨房的碗橱和卫生间的洗脸池，但眼镜终不见踪影。我和哥哥一边叫着"咱妈藏的东西谁也找不到"，一边灰下心来。哥哥心里着急，口干舌燥，就打开冰箱拿冰镇水喝，结果他刚一打开冰箱的门就叫起来：眼镜在冰箱里呢。原来，母亲一个小时前从冰箱里取出一包冷冻海鲜，准备晚饭吃，她戴上眼镜阅读口袋上边的说明书，阅读完了，顺手就把眼镜放在冰箱里，一关冰箱门，潇洒地走开，眼镜就这样被冷藏起来。

家里的眼药水、指甲刀、计算器、辞典、电视遥控器等等也是常找之物。好在母亲知道我就怕帮她找东西，便很少要我帮忙。经常是她自己一个人默默地找着什么，一点都不急的样子。我看见她的身影在房间里穿梭来去，找着什么，也习以为常，不再问她找什么，继续自己的事情。母亲也不询问我，只是不慌不忙地竟自找着，或者读一会儿书，找一会儿，慢慢喝一杯水，再找一会儿，心里踏踏实实，无一丝焦虑烦躁。母亲常说，一辈子的磨难早已练就了她的耐心。她甚至还说，有东西要找的日子是多么充实啊！

母亲在我身边磨磨蹭蹭地找东西的历史已记不清有多少年。现在，这已经成为我的一种最为熟悉和亲切的生活背景，这个背景使得这个家像个家。如果有一天，家里像军营一般井井有条，要用什么就直接到位地即刻取来，没有了母亲不慌不忙地找这找那的背景，我会不习惯的，也许，我的心里还会如同长了荒草一般浮躁不安。

新鞋子，旧鞋子

一处新的房屋就如同一件崭新的外衣，需要与身体磨合一段时间，甚至穿出褶皱来，才像是自己的衣服，才随体合身，才被自己从心理和生理上真正接纳。

在我搬进新居好长一段时间之后，我仍然感觉像是在作客，不像自己的家，不知主人是谁。应该说，房子装修得大致还符合自己的意愿，算是一种"高级的朴素"，艺术化的家居的味道，反正怎么看也不会以为"一不小心走进了某一家豪华宾馆"，或者走进了哪一间"装酷"的酒吧。但是，房间里就是没有人烟味，像一只荒凉的大盒子，连尘土也没有。

我一向对忽然降临、发生的事物缺乏足够快的适应力，"日程在计划之中"已成为多年的积习，这很难说清是"文明习惯"还是"臭毛病"。平时与朋友或家人约会，也是早早就提前沟通信息。如果届时忽然有变，我就会一时无措，愣愣地转半天弯，然后才艰难地顺向一个新的安排方向。

一处新居，也算是一个新的事物。身置其中，总觉包裹了一身陌生。睡醒之后，往往不知身在何处；坐在餐桌上吃饭的自己，竟然仿佛是他人；思路也是堵塞的，似乎哪个方向都没有出口。

沃尔夫狄特里希在《许多东西还根本没有体验过》里提到类似的感觉：我比以往更感到无家可归，无论在书稿里还是在风景画中都找不到故乡……究竟为什么还要系念故乡？因为故乡像黏土一样粘在鞋底上，又好像一声呼唤声在耳朵里尖叫。它能调整一个人的知觉，引起他的回忆……

我想起我的一双在广州买的极普通的拖鞋，它曾跟随我到过乡下，到过澳洲，到过伦敦。当它终于被穿坏、我打算扔掉它时，竟忽然有些不舍。平日在家里，我向来是以扔东西出名的，没用的东西总是"转眼间就不见了"（母亲语），为此，母亲对于那些没用的"宝贝"总是东掖西藏。可是，扔拖鞋那天，我却对母亲感慨又感慨，母亲高兴地说我活到这个年岁总算"成长"了。其实，在我眼里，它哪里还是一双拖鞋，它分明已经成为我经历的一部分。在把它郑重地扔进垃圾箱之前，我当真地翻过鞋底看了半天，说这上边尽染了这儿那儿的泥土的芳香，倾听过我与这人那人的诚恳的抑或掩饰的交谈，说它曾经陪伴我在那套遥远的黯红色花园宅舍里，在潘笛幽泣的哼吟中，等待一个人的敲门声……它是我往日岁月的"见证人"。虽然那鞋底上干净得什么也没有，几乎是纤尘不染，所有的痕迹都只是在我的记忆之中存在。

一双拖鞋当然比不了一处居舍，但它们的性质是一样的。

小时候我曾听说过镶嵌在烟斗杆上的玉石嘴，经过天长日久的吮吸之后，沉默的绿石能够开放出活的玉石花。当时我似懂非懂，觉得奇妙莫测。后来我亲眼看到了一个家的墙壁和天花板是怎样"苏醒"过来的，看到了石板里面的"血液"和"呼吸"慢慢流淌起来，看到了一处冰冷的空间是怎样通过与人的肌肤相亲而终于脉搏与共的。

一个家，的确是被我们住"活"的，是被日积月累的人的气息浇铸"活"的，是被温馨的回忆、伤感的争吵、文思的涌动、厨房的油烟、杯盘的狼藉、淋浴的流畅、睡眠的酥软、下水道的霉味、垃圾的堆积、电话的打扰、邻居的摔锅打碗、电视的乏味、吸尘器的噪音、冰箱里汁液饱满的鲜亮水果、停电断水的不便、热闹抑或孤独的时辰，以及这里那里种种的只欠缺那么一点点的遗憾浸泡"活"的。

崭新的房子没有生命，无论装修得多么华丽奢侈，家具多么典雅贵重，即使所有的墙壁都不是用石灰板而是用钱币堆砌成的，也无济于事，那不过是一个冰冷的壳儿，家的感觉决不是由此而生。

家是我们的外衣，里边裹满了各种各样令我们难以释怀的记忆。

安身之所

搬到我们现在住的这套房子的第一天，我在楼下仰着脖子寻找自家高高的窗口，心想，这下真正是束之高阁了，上去下来都不容易。于是自我安慰：每日双脚踩在那样一个高度上，想必思想定会更高一筹吧。

平生不喜欢电梯。一个闷闷的铁罐子，圈了几个陌生的人，在半空中忽悠一下升上去，心就提到了嗓子眼。若是赶上铁笼子闹脾气，把你搁在半空中不上不下卡住了，实在恐怖。有一次，我就赶上了这种情况。那天偏偏电梯上只有我一个人，我慌忙打手机往家里报告险情，可是电梯里信号太弱，打不出去，把我急得一个人闷在里面浮想联翩，想象着我在这方寸之内，氧气一点一点被吸光后，我将窒息而死，精神上就先乱了套。幸好，被关了十分钟后，铁笼子忽然颠了一颠，又平滑地升上去了，好像什么也没发生过。待电梯门一开，我便夺路而逃。有了这一次经历，我愈发不喜欢电梯了。

几次下决心用腿代替电梯，可是每每尝试着爬楼时，楼道里永远是空无一人，我便瞻前顾后，一层层往上爬。楼梯是冷硬的灰色，两旁的墙壁也是冷硬的灰色，偶尔有一两扇窗子没关住，被风吹得发出空旷的啪啪声，空得瘆人。我心里七上八下地渴望遇到人，又害怕从哪一个拐角忽然蹿出一个人来。古人云，独上高楼，望断天涯路。而我是，独上高楼，越走越发怵。唯一和这瘆人的楼梯构成反差的，是从楼道的窗口望出去，隔着天井，可以看到某一层某一户人家的某一间屋子，里边有一个风扇无精打采地转着，墙上挂着一只老式的壁钟吱吱嘎嘎地走，一件刚刚洗过的白衬衣滴滴答答地晾在屋角，垂头丧气的样子，偶尔会看到一个光着上身的男人靠在躺椅上，一边瞌睡一边挣扎着举起手里的一本什么书。如果是夏末秋初，还会看到一些人家把一张张淡赭色或者花格子的凉席晾在天井晒着，草席清朗的香气泛出一股浓浓的人间烟火味。这些图像由于是透过楼道的窗子，然后又隔了天井，就显得极为不真实，它被缩成窗口那般大小，图像也被切割得没头没脑，还被天井暗淡的光线蒙了一层昏昏沉沉的调子，如同一张现代派的抽象画。其实，如果我当真身置那间房子里去，便会兴味索然的，但这时窥望到的是一张张神秘抽象的画，便使我格外振奋，往往会一时忘记楼梯里无尽的恐惧。

　　住上高层之后，不仅每日要接受电梯，我还发现街上汽车轮子的嗡嗡声在高层之上越发清晰，特别是夏夜里睡觉的时候，比白天的响声还要嘹亮，仿佛马路就横亘在耳朵边上，十分夸张地铺展着夜生活的繁忙和现代化的步伐。说来奇怪，原来住二层的时候，离街上的路面很近，倒是听不到多少街上车水马龙的声音的，现在住的楼层高了，车轮声反而越发大了。看来声音是很懂辩证法观念的。记得张爱玲曾经形容，"正如一个人年纪越高，距离童年渐渐远了，小时琐屑的回忆反而渐渐亲切明晰起来。"好在不久我就习惯了，夜里汽车的刷刷声也被我想象成润润的雨声，空气里到处是雨雾绵绵，既清爽又干净，雨的声音一阵低绵徘徊，一阵密集高亢，像是拉威尔的《波莱罗舞曲》，没有尽头，人在这没头没尾的节奏中便昏昏沉沉地睡去了。

　　房子倒是又大又亮。冬日的早晨，淡黄的阳光斜射进来，亮脆饱满地洒在黯红色木地板上，浓墨重彩的样子，人在上面仿若走在一张静物油画里，轻手轻脚的，似乎担心碰掉一块颜色，懒洋洋的暖冬里就多了一份精心。遇到夏季来临，黯红的木地板就显得过于暖色了，所以家里的木制家具、沙发巾和靠垫，以及大部分装饰物都是冷调的，暗栗色或银白色，造型多是现代或仿旧的类型，花空镂雕和简易的金属造型相间。比如，旧货市场购来的镂空雕木的旧茶几上摆放着从德国带回的洋烛台，旧社会那种煤油灯似的吊灯下边是华贵典雅的欧式栗色餐桌，加纳的原始黑人木雕摆放在线条流畅而变形的现代金属架上，浓郁的咖啡色书房里到处插满我从云南抱回来的麦黄色干花……纯粹的时尚或贵族气，纯粹的老旧或洋化，都是我不喜欢的，但我的多元中又体现着绝对化的风格，明眼人可以看出我的倾向。

为了方便，我把自己的一套房子与母亲的那套房子打通了，两套房子连成一片，浑然一体，很多的房门，像小时候看《地道战》的感觉，经常使我和母亲从一个房间到另一个房间，互相找不见。特别是晚上，洗过澡上了床之后，躺在床上忽然想起一件什么小事，懒得下床，就拿起床头的电话给母亲那边拨过去，两个人在一套房子里的两个房间用电话嘀嘀咕咕说上一大阵，感觉怪怪的，仿佛彼此住得很远。

有一阵，听说楼里五层有一户人家进了小偷，这一事件使我格外紧张，紧张得好几天夜里无法入睡。我和母亲商量，晚上把房子的一半空间锁起来，两个人住到相邻隔壁的两个房间中，夜里开着房门，为了彼此能够听到。那几日，我每晚入睡前都要在脑中预习一遍夜里醒来忽然见到小偷怎么办。我固执地预习了很多遍，结果小偷也没有来，心里就老不踏实，似乎小偷来了才一块石头落地。其实，家里密封得如同一个硕大的铁笼子，别说是人，就连一只鸟、一只蚊子也难以飞进来。

大概我和母亲都有些孤僻，我们很少邀请客人来家里闲坐。有时候，实在太沉闷了也会下决心约上一两位朋友，心里兴奋着筹备着聚会的餐饮，整日手里拿着一块抹布到处擦着，甚至连卧室别致的门把手、卫生间隐蔽的小门闩，都不放过。但是临了，忽然觉得烧菜弄饭要一大场麻烦，心里还不停地设想聊天的话题，实在是累人，终于临阵逃脱，放弃聚会，然后深深喘一口气，坐下来。这样的情形反复发生过好几次，我们终于认清了自己的懒惰本性，邀客人聚会的提议就越发慎而又慎了。

家里是不能没有生气的，我开始在阳台上大肆发展"农业"，在这远离乡土的城市高楼之上，我从花木市场里选购来散尾竹、变色木、荷兰铁、国王椰子、橡皮树、冬青、芍药、百合、瓜叶菊……我把这里集木坛、花坛、果坛、草坛、刺坛于一体，它们一日日疯长，比我长得都结实；家里的厨房也不再干净得不忍心做饭了，每天，这里的柴米油盐、锅碗瓢盆都热烈地搅合成一团，油烟袅袅，盛满人间烟火，为了收拾饭后残局，我和家人常常你推我搡，"谦虚地"称赞对方才是世界上最勤快的人；书房也开始被我们肆无忌惮地摆开"战场"了，桌上沙发上到处散乱着稿纸和书籍，大部分抽屉都半开半合着，如同一只只话多的舌头。母亲还买来了画架、油画板、颜料，摆开了画画的阵势，一个外行偏偏却画意大发！那些工具家什也摆放得毫无规矩章法，书房弄得个乱七八糟。桌上堆得太满了，有时候她会顺手把一只茶杯放在地上，直到不喝了也想不起把茶杯拿走放到柜子里边去，只是不嫌麻烦地绕着它走来走去，仿佛它就应该摆在那儿。母亲画画的时候，由于比例的问题，总见她拿着个尺子侧着头、眯起眼睛夸张地量来量去，哪里是画画，俨然像个瓦匠。母亲无师自通，果然出手不凡。然后，她端详着自己的大作，号称一万块钱卖给我，这个价位还是看在我们母女关系的情分上便宜了我。对于母亲的童心我虽然窃窃失笑，却一向是大肆支持的，到了母亲这般岁数，能够没事找事、自得其乐，真是我的福气！这样一来，满地都是母亲的画样草图，进入书房须跳着舞步才行。有时我心里就不免有点烦恼，但转念一想，书房嘛，原本就是为了弄乱的。

　　我的身体比母亲差，母亲的岁数比我大，加上我们过分民主的关系，就越来越像姐俩了。她经常是在书房忙着什么自我陶醉的事，兴兴然地施展着手脚；我呢，则坐在自己房间里电脑前胡思乱想，涂涂抹抹。窗外又在下雨，雨打在不知谁家的空调室外机上，乒乒乓乓地响，敲得人心里空洞洞的。雨天阻挡了我的脚走出门去，其实，即使不下雨我也无处可去，我不知道有哪一趟车通往想要抵达的归宿。人生嘛，真是太多的虚幻，曾经执意追求的事物也不过是过眼云烟，自贻伊戚而已，有时想一想不免心冷。

　　而家永远是真实的，是我们永远的安身之所。

提前降临的
"晚年生活"

我所谓的"晚年生活"似乎是从 30 岁开始的，确切地说，那是一种心境，与时下忙碌进取、物欲膨胀的生活相比较，对于我这个 60 年代出生的人来说，实在是显得太早了。

所谓的晚年生活，是指生活的节奏完全顺其自然，没有什么焦虑、急迫的心理控制着你、压迫着你、让你必须服从它的规律紧急行动起来。无论是写作还是出版社的工作，每一天对于我，如同一张光滑柔软的白纸，在早晨我自然醒来的时刻舒缓地展开，我往上边涂抹什么、怎么涂抹都可以，抑或不着一痕地掀翻过这一页，从晨钟到暮鼓呆呆地想上一天，任凭思绪游刃有余地在日常琐碎中浮游。只有我内心深处若有若无的一丝怅然若失，和隐蔽得连我自己都不易察觉的某种反省。我不惧衰老，更不怕死亡。我反复思量的是，我要如何面对未来几十年漫长而重复的乏味。乏味，这其实才是我们平凡生活的本质！只是，不同的人用不同的方法——积极的或者消极的——来对待罢了。

"晚年生活"的标志之一是我和母亲无论春夏秋冬无一例外地在下午接近傍晚的时候出门散步。据说康德也有散步的习惯，每天傍晚他如同钟表的时针一样准确地出现的街道上，附近的居民甚至以他的出现确定钟点。我们无意攀附仿效伟人，我们既与伟人无关也不喜欢做伟人，我们愿意默默无闻地不被人注意地生活。但是，每天下午当我和母亲走出电梯经过门卫的时候，门卫总是善意地和我们打招呼，他知道，我们的出现意味着此刻一定是下午 4 点钟左右了。

我们喜欢走一条被我们私自命名为"俄罗斯小径"的小路，那其实不过是北京市区再普通不过的一条林荫小路。夏天的时候，路两旁高大茂密的浓荫搭起一条绵延的伞篷，小风贯通一吹，格外凉爽。有时候我们会遇到在树下举着长杆粘蝉鸟的人，知了们高声叫唱着，为着自由的生命而欢悦，我们驻足仰头观望，多么希望它们能够平安地尽情欢叫地度过短暂的一生。然而，它们自然的欢悦却暴露了自己的目标，如同诚实的人在人际复杂险要的环境中跳出来说出实话一样，粘蝉人轻易地就把一只撒欢歌唱的知了从高高的树冠上粘下来，以迅雷不及掩耳之速剪断它的翅膀，然后把它扔进自家的笼子里去。一只自在的小生命就这样束手待毙失去了自由。我们为之深感惋惜！不明白为什么那个人要这样做。我禁不住上前和颜询问，那人说，他家里养了几只漂亮的小鸟，它们特别喜欢吃这种蝉，所以他为鸟儿们来捉蝉。我无以言对。是啊，我们自己不是也在吃鱼吃肉吗！大自然的食物链和人类的游戏规则一样，弱肉强食。我们只有默然走开。

　　我们经常去的地方是附近的一个公园，冬天的园子几乎没有什么游人，湖面上暗绿的波纹沉闷地翻滚一两下，夏季里那些茂盛的荷叶及不知名的水草都消失殆尽荡然无存了，只有一些枯枝败叶浮在水面上，显得静寂而萧条。然而我觉得这一切很符合我的心境，蓬勃旺盛是一种美，清寂凄然也是一种美。我和母亲经常一路走一路联想到我们的生活，太平的日子来之不易啊，反省我们居然经常感怀生活的无聊、乏味，真是太不知足了！在政治风云中人们还有暇无聊和乏味吗？从某种意义上说，无聊、乏味也是一种"审美状态"。

　　春天时候，候鸟们从南方长途跋涉迁徙回来，有许多野鸭子落户安家到湖面上。望着三五成群的野鸭们悠闲地嬉闹戏水，母亲便似乎是自言自语轻声说：我们的生活是不是太闭塞了？现在差不多是闭门索居、不与人来往了。我低头观看清波漪澜的水面，说，是啊，野鸭是低等动物，它们的秩序太温驯，人类可比鸭子聪明多了，竞争也生猛残酷得多。现在的人们变得越来越实惠了，还有多少人没事瞎聚啊，对于今天的人们来说，时间也是一种成本，以朋友名义下的交往，大部分是变相的"公关活动"，咱们与人家闲谈不是白白耽误人家的时间吗。我们这样聊着，走着，心里却感到一丝茫然。

秋天是最美妙的，虽然有时刮起一阵阵风，但天空又高又阔，偶尔会有乳白色的云朵，我们分享着秋天的殷实，仿若寄身于高邈开阔的天空中，使我得以在现实中归于恬淡。我对母亲说，我曾经听到王蒙的夫人崔瑞芳老师提到王蒙"无可救药的乐观主义"，感触良多。他们是经历过太多的历史沧桑风雨人生的啊，"乐观主义"已经成为他们生命本能中抵挡灾难的盾牌，战胜险恶的武器，这除了健康的心理与人格，还需要智慧和境界。这个"乐观主义"不是肤浅怠惰，不是廉价的知足常乐，更不是软弱愚昧的妥协，而是一种大气的从容的深刻的感情和力量。任何非正常的外力的打击以及日常生活本身的平庸琐碎都不能打败一个乐观的人、一个面带微笑的人。我们凭什么要忧戚人生、小气地哀哀怨怨呢？乐观其实是一种大勇气。以我现在对生活的理解，日子过得平平常常，甚至乏味无聊，是人生的常态，也可以说是人生的本质；而充满激情和兴奋的日子，是短暂的，是非常态的。一个成熟的人必须勇敢面对和接受平凡甚至乏味的生活，而被庞大的平庸乏味的生活消灭掉的只能是弱者。

太阳落山的时候天空偶尔会出现纷繁的云朵，我们走到售报亭，买上几份报纸。报纸是我家的必备之物，具有浏览价值的部分我和母亲用来翻看，空洞无物套话连篇的版面就给我家的小狗三三铺在阳台上用来方便。天色黯淡下来，我和母亲买上一些新鲜的蔬菜瓜果，怀着一路交谈后的清爽，怀着对平凡庸常的日常生活的感念以及对三三的牵挂，满载而归。回首当年，我的内心如同一只敏感的天平，一粒芝麻就会失重，那些日子不堪回首。没想到"老年生活"的心态，在我还未真正老的时候，就已经开始提前降临了。

| *谁掠夺了我们的脸*

我 与 写 作

没有一个成功的人是不懂得他应该忽略什么的。

一个不会把他的精明深深掩藏起来的人，算不上精明。有人甚至得益于他的「单纯」和「不善心计」，

其实这正是最深的心计。

不在意或者装做不在意，有时恰恰是获得一个人的
最佳策略。虽然这已是老生常谈，但人们一旦投入
便往往难以把持。

窗子也寂寞

——一个属于自己的位置

我又在自己给自己"开会"了。

我想，我为什么要过这样一种常年的面对一扇窗子、一张纸、一支笔或者一个冰冷的电脑的思虑生活？是谁强迫了我这样一种令人厌倦的生活方式？为什么要挖空心思让那些已经销声匿迹、灰飞烟灭的念头重新在脑海中蹁跹起舞，叮当作响？我不免诧异，自己居然用纤弱的指尖在写字的键盘上敲击了这么多年。

我想了很久。其实，这个问题已经酝酿并且缠绕了我许多年。生活总是一个问题没有解决新的问题又浮现出来，一个问题遮掩了一个问题，如同一个浪花覆盖了另一个浪花，但是先前的那个浪花其实并没有被消灭掉，它们涌动着浑然一体构成一种庞大的人生之海，向着人生寂寞的彼岸层层叠进。

对于我这种一向惯于"理论先行"的人，一向以理论指导现实的人，这个问题尤其重要。

这使我想起早年的一些事情。

记得小学时候，每次解答算术中的应用题，都让我百思不得其解：往一条船上装 500 斤大米、725.9 斤白菜、129.3 斤土豆和 7 只绵羊（平均每只绵羊 200 斤），然后又卸下来 276.2 斤大米、130.7 斤白菜、117.6 斤土豆和 3 只绵羊，求这只船上总共还有多少斤物资？

天啊，为什么呀？干嘛要这样折腾人啊?!

高考时候，我不是一个高分的学生。那时候是 80 年代，教育体制中有许多问题有待完善。历史题：没落的腐朽的垂死挣扎的帝国主义必然会自取灭亡的几点规律？政治题：为什么说对剩余价值的追求是资本家的丑恶真面目？命题作文：女排夺冠之我见……那些千篇一律的 12345 统一标准答案令我感到羞耻，但是我必须背诵它们，咬着牙把它们当做最亲爱的人，在心里一遍又一遍默诵，像想念一个人那样痛苦！为的是使自己成为那种令我厌恶的标准答案之一。

我不再是我，我只是一个和别人一模一样的人，一个考试卷上的数码编号。

最令人感到尴尬的是，每次考试的成绩单出来后，全班同学的分数会由高至低排列张榜公布。倘若，恰巧那一次自己的成绩不理想，那么，这个慌乱心跳的时刻真是令人无地自容！我当时想，世界上怎么会有这么愚昧的人发明这种排行榜来摧残蹂躏属于青春期的脆弱的自尊心啊！但是，当我看到一些排名在我后边的其他孩子继续谈笑打闹、若无其事的样子时，我就想，他（她）为什么跟我的感受这么不一样?!

我那糟糕的过于敏感的天性，完全可以追溯到学生时代这些令人羞辱的场面，它激发、助长而不是削弱、完善了我性格上的弱点。本来我可以拥有那种我所喜欢的更加从容沉着、更加宠辱不惊的成熟性格的，它花费了我后天太多的努力来修正完善自己的个性。

我知道，任何过激的反应都容易流于肤浅，流于表面化。正如一个叫做戴维·梭罗的美国人所说，真正高贵和深沉的个性并不显山露水，就像国王或征服者并不走在军队的最前列。

直到现在，有关考试的噩梦还会在我感到压力的时候、趁着某个略显脆弱的月黑风高的夜晚，侵袭而来。我至今痛恨考试，至今偏颇地以为考试是最为泯灭我们的个性与尊严、泯灭我们的创造力和想象力、把所有的天才都打磨成一架按部就班的机器、把我们所有的人都驯化成一个人的东西！这当然是偏见。

等我成年以后才知道，小时候所想捍卫的那点可怜的人的尊严，在社会的大课堂里真是小巫见大巫啊！

这些不说也罢。

就我而言，一个内心里潜藏着"问题儿童"的轨迹长大的人，一个略显悲观、不容易被任何自欺欺人的信念所迷惑的人，一个不打算被任何一种强暴的力量按压在一个不恰当的位置上以便赢得金钱或者赢得名誉的人……这样的一个愿意按照善良、按照人的天性发展自己内心的"自由主义者"，他不做一个作家或者一个艺术家，还能做什么呢？倘若一个人不是到达丧心病狂的地步，倘若他的目的不是远远超出了廉耻的感受的话，那么他的妥协到底是有底线的啊！

我甚至回忆起很久以前的一条遥远而僻净的老街，忆起那年我在爱丁堡的街头被高耸肃穆的教堂震慑得像傻子一样的情景。尖耸的顶部，华彩的玻璃，圣洁的耶稣受难像，阳光细细碎碎倾洒下来，低声咏唱的多声部和音从四面八方穿透我那仅剩下虔诚和寂静的心。我的感动复杂得几乎使我落下眼泪。我问自己：我们每个人本来是可以不完全放弃内心的，本来是可以拥有一点精神抚慰的，可是啊……

在后来十余年中，这个场面一直在我的心里默默延伸，连同那些婆娑的树影、起伏的斜坡和山岗、芬芳四溢的感伤、还有寂静中的那种沉缅。甚至，一些记忆的残骸和碎片，一直绵延至今。

我也经常思量：你愿意到一个高薪的雇主家的公司里听候他随时可能爆发的吆三喝四、发号施令吗？你愿意在一个刻板的位置上看着别人的脸色点头哈腰、做一件重复了几万遍的事务吗？你愿意领略或者重蹈那些个泯灭我们仅有的那点尊严的时刻吗？你愿意丧失殆尽所有内在的坚持、只留下在人群中拼杀较量或者成功经商的智力吗？

答案是显然的。

重新坐到自己冷清的电脑桌前，虽然窗子也寂寞，天井也寂寞，但是，我心里却平静了许多。

窗子外边，已是初冬的有些黯淡萧然的黄昏，一些枯树叶在冷风里发出寂寥的沙沙声，斑驳的光线透过窗子照射进来。

我坐在这儿，想想，写写。楼下不远处那种属于日常生活的显得散乱而沉闷的脚步声就落在我的窗棂上。

写作于我，大概既是对现实的厌倦感的消释，同时它本身又构成一种厌倦。但是，我知道，能够写作，已是莫大的温暖，以及上苍的厚爱。因为，有多少人住在并不宽敞的房中甚至是低廉租金的地下室里，每天清晨被闹钟强行吵醒，然后行色匆匆穿越整个城市去工作，就在这样的寒风凛冽的冬日，或者在柏油马路被烈日晒得发软的炎炎盛夏。只为了延续生命活下去。或者，为了爱。

我命令自己进入静寂，再进入静寂，如同潜入深水之中，如同一条冷静的暗哑的鱼。

有关博客，有关时尚

A 本来我是不想做网络博客的，后来在新浪说服之下，迟迟疑疑做起来，每每看到网络上那些温暖的评论和留言，我说感谢已经远远不够，只能用"感动"和"不舍"来表达我的心情！

我的工作是写作，每天用很多时间坐在电脑前，写字、想事、思考、读书……但是我不上网，不玩游戏，不在电脑上听音乐看碟片（这些事我会选择 CD 和 DVD），只有离开电脑我才会感觉是在让自己休息。

外面阳光明媚和风细雨之时，轻松的朋友们在餐厅里酒杯碰响的召唤，商城里新款时装遥遥招手的时分……我经常以各种"理由"委婉谢绝，其实各种"理由"都是因为一件事：我必须写作和读书，当然还有太多的生活琐事，无法分身。

所以，我无法额外地在博客里回复朋友们长长的暖暖的问候、关爱和各种问题的讨论，十分歉疚，这也是我最终选择离开博客的缘由。

B 网络文学博客或手机文学博客都算是一种时尚。时尚就是你还没来得及喜欢它，就已经被它抛弃在后边了的一种迅速发展变更的事物。任何一种时尚都是精粹与糟粕并存的，正像我们不能因为害怕蜜蜂蜇而拒绝蜂蜜一样，我们只从时尚中汲取有益于我们的东西。一个作家，一个知识分子，一个成熟的人，应该对一切新鲜事物心怀敏觉，既不盲目随从，也不闭目塞听，更不拒绝一切，永远怀着一颗探询、学习和质疑的独立的姿态在时代的任何潮流中认准自己的位置。

C 于我个人而言，成熟意味着日渐平和，锋芒内敛，善解人意，懂事包容，但决不是放弃个性。放弃个性就等于放弃我们最大的激情！我觉得，任何一个人都会为自己的个性寻找一个释放的角落，写作正是适于我的释放个性的角落；也许，对于普通人来说，网络或手机博客正是你释放个性的角落，在这件事上因人而异。

D 博客，鉴于它的篇幅短小，随时随地即可发生的特质，一定要寻找一个不同于我们以往的传统文学创作的风格特色。强调它的民间性，不必向主流文学靠拢。韩少功说它是文学的零食，我以为极有道理。我觉得目前它属于大众文化娱乐范畴，而它的光彩、它的魅力也即在于它的民间性！在我们日渐多元化的文化中，这是一个具有开创精神的事件。

E 很多时候，真正优秀的作家与名望没有必然的关系，与点击率或发行量也没有必然联系。但是，它们会带来同样一样东西——孤独。

F 任何一种阅读或写作（包括博客）所带给我们的交流，比任何一个朋友所能够带给我们的交流都更长久。它是最为低廉的消费，却是最为持久的娱乐。

G 博客带给我的人生最大的收获，就是加强了我对于人性中恶的免疫力。当网络以匿名的方式展现的时候，现实中被人们隐藏起来的人性中的恶，夹杂在人性中的善与美当中，统统裸露着滚滚而来。那些恶意和丑陋，对于生存环境相对单纯的我，无疑是注射了一针抗体疫苗。这是我一生的收获。我为此感谢博客。

我的悲忧之业，
我的快乐之门

　　那天，我从潘石屹的文章中看到亚丁的一段言论，他说，"人的思想就像葡萄汁一样，存放的时间越长，酿出来的酒就越好，刚榨出来的葡萄汁马上就喝了，这是浪费，要想有更高的价值，就得花费几年时间酿造红酒。红酒就是小说，鲜榨的葡萄汁就是博客，同样的思想你到底愿意选择葡萄汁，还是选择葡萄酒？"

　　我以为亚丁之言甚合我意。

　　潘石屹选择葡萄汁，因为他在现实中从不喜欢喝酒；而我的情况是不喝葡萄汁，也不喜欢喝任何"甜腻"的东西，只喝醇质的葡萄酒。这样就遇到了一个"冲突"：博客的形式已然限定了它的质地是"葡萄汁"，倘若我是一个影视明星，或者是潘石屹那样一位思想型的商界大腕，"葡萄汁"显然是可行的不错的交流方式，因为写作不是人家的专业；但是，如我这种类型的作家，制作"葡萄汁"显然违背了我写作的初衷，在这件事上，我是经历过"挣扎"的。

　　博客于我，仿佛是一个陌生的女人走错了门，先是惶恐，然后就看见了温暖。那么，我为何不可以用装"葡萄汁"的瓶子，来装我的"葡萄酒"呢！何况，我的写作就是用文字酿造"醇质葡萄酒"。

　　至于写作，作家的行业如同体育、演艺、文化、商业等等业界一样，都存在着创造力的高峰期和衰落期，这里面有人的生命力的旺盛以及思维的饱满等等诸多复杂的限制。无论所有的作家怎样齐声否认自己将面对创作枯竭的窘况，声称自己最优秀的作品还未诞生，我只想诚实地说出：一个作家最优秀最饱满的作品，只能是他（她）高峰时期的创造（除个别特例之外）！然后是漫长的日渐弱化的延续，甚至是聪明的戛然而止，如同相爱的人懂得在绝望之前含泪分离。我还想诚实地说出：任何一种纯粹都如同绝美一样是一种障碍，限制着人，我时时面临这样一种创造力障碍或"不说也罢"的苦恼，如同我所崇敬的法国作家尤瑟纳尔所说的"一个不写作的作家的绝望"（大意）。而且，这个苦恼或绝望，将伴随我一生。

我愿意像一把诚实的椅子安详地面对一张桌子那样，安详地面对生命带给我的一切。

请允许我坚韧地把守着自己生命中最后的一个坚持：哪怕是很少的"葡萄酒"，哪怕是越来越少的"葡萄酒"，哪怕是最终拒绝或者销毁写作，带着谦逊销声匿迹，但我要求自己的文字必须是"醇质葡萄酒"！

对于写作，我的内心始终像太阳落山前纷繁撩乱的云朵，色彩交织的穹隆，有爱亦有恨。我的伤旧惜古的易于沉缅与遥望之心，在这里找到了寄托。为此，我愿意。

当然，任何词藻都是靠不住的，未来依然是水月镜花，谁也说不定。只是时时自省而已。

谁掠夺了我们的脸

一个作家的
生活片段

A　一个仪式

我似乎每一天都要在自己的小工作间里磨上一段"挣扎"的时光。这个情形外人是绝对无法知道的，连我身边的人也难以窥察。我脸孔平静，神情肃然，寂静地坐在桌前，身上是柔软的半旧的棉布衣裤，不佩戴任何饰物。我面窗而坐，桌上是一台打开的电脑。我的双手洗得干干净净，像个在幼儿园里吃饭前的乖孩子那样，双手合拢一动不动。

似乎是一种全然的静止状态。然而，我自己知道，明净的空气中有什么东西正在无形地潜伏着流动，"静态"中正有一种看不见的"动态"喷薄欲出——那是内心的光线，当我被这缕光线照亮的时候，一些文字就开始慢慢地坐落到我电脑中的纸页上来了。

这似乎成为我每天的一个仪式。

以前，我曾在这个仪式中，让电脑呈关闭状，因为听说电脑屏或多或少存在辐射。有一天，家里的小阿姨进来询问我事情，见我端坐着，电脑并未打开，便问我在看什么。我"喔"了一声。从此在这个仪式开始便打开电脑了。

有时候，这个仪式很短暂；有时候却很漫长，漫长到一天，甚至很多天。

我无法说清这仪式中快乐与忧虑的比值是多少，也不愿意计较。谁愿意计较对自己的孩子所付出的快乐与忧虑的比值呢！

这就是我的生活、我的位置。

B　键盘之舞

常常是一些混乱的雪片般的念头在我脑中飞舞旋转，我找不到源头，心烦意乱，魂不守舍，感觉有什么东西存在又抓不准，想脱开身又走不掉。恍惚中，有些"雪片"等不及我凝神屏息，就溶化消失了，有些"雪片"则顽强地与拥挤的"热"斗争着，存活下来，等待我的手指把它们敲击在我的键盘上。

第一句话终于从脑子里漫天飞舞的雪片中冲出来了，似乎从额头打开一个神秘通道，其它的句子就顺序涌出，轮廓渐次清晰，直到抵达深处，抵达我的某个意图的完整和圆满。它们像一只只听话的小虫子，神秘地听任我的摆布，在我的电脑里安了家。

对于我个人的精神活动来说，这个时候，我的乐趣已经完成，也已经足够；其它的社会化过程，则是另外的事情，那些不再与我个人的乐趣相关了。

我曾偶然听到过一句歌词，"孤单是一个人的狂欢，狂欢是一群人的孤单"，这是我们熟谙的话语。它使我想到写作，写作其实是孤而不单，是一场和所有人在一起而谁都看不见你的独享的狂欢。

C　我终究是可疑的

我常常在电脑前写了又划掉，划掉又重写。从转椅上站起来，站起来又坐下。我写了一首诗，写完改了又改。第一稿像出自一个二十岁女人之手，激情而碰撞；修改之后，又像是出自一个四十岁的女人，节制而深沉。然而它们的作者都是我，我是一个年龄随时变化的女人，同时又要求自己谨守自己的规则。时光流逝了，我依然在这里。

我常常疑虑，一个作家在电脑上颠来倒去、纸上谈兵，与一个生活的实践者在现实中的身体力行，哪一个更真实？哪一个更老练？哪一个更强大？

无疑是后者。而在现实中我终究是一个可疑而胆怯的人。

D　梦与写作

我常常对写作本身发生深刻的怀疑，最持久的一次怀疑发生在几年前。那时，我的生活状态也是一团糟，难以解脱的苦恼。我有很长一段时间没写一个字，精神极为抑郁，在医院治疗了数月才恢复。

我曾反复出现的一个梦就是考试，梦到自己面对试卷回答不出的惊惧。早年读荣格、弗洛伊德们学说的时候，记得他们关于考试和惊恐的梦大致是这样的解说：考试的梦意味着梦者对自己的生活发生了新的评判，暗示出梦者对自己的怀疑和强烈的审视。而惊恐则昭示梦者正饱受着某种精神折磨，潜意识中存在着梦者想要正视现实中的怀疑和焦虑，并且面对现实。

无论我们对西方精神分析学、特别是对弗洛伊德学说持有怎样的批判立场，但在这一点上我是充分认同的。在我重新开始写作之后，有关考试惊恐的梦，我再也没有做过。

我为梦里不再面对考试的惊恐而感到解放。为此，我愿意写作下去，思考下去！

E　我如何"深重"

倘若，只有主动选择冒险、苦难、动荡、分离、痛苦等等现实生活的元素，才可换来一个作家的创作源泉的话，那么这样的作家我是不会主动去做的。我愿意保持生活的安宁、平衡与和谐，并为此付出努力和责任；我愿意让那些纷乱如麻、探求明晰的思想，只活动于脑中，成为一种精神活动。而我本人的生活，为什么要主动成为一个颠沛流离、动荡不安的实践者呢？为了写作而"苦难"吗？不，决不！

同时，这个世界不能为了成全你是一个"深重"的作家，而故意战争连绵，也不能为了成全一种主流的苦难意识而永保苦难。和平、文明与幸福照样产生"深重"！问题在于，我们的"深重"似乎只被定位于硝烟战火、苦难贫瘠、居无定所、动荡流离。

我们有些文人，出生、成长在农村，苦难是他们的底色。中国传统的文化艺术观念，似乎不苦难就不足以深重。难道发达和文明，就意味着深重的作家灭绝消失吗？不苦难就没有深重吗？倘若如此，那么人类发展的美好趋向真是与我们中国作家的职业追求相悖逆！

不，决不是。

战事连绵的伊拉克有战争的深重。

穷困的乡村僻壤有贫瘠底层的深重。

走向文明的现代都市有繁华锦簇的深重。

底层、中产、精英各有各的深重。

"深重"，怎一个"苦难"可以了得！

F 冥想与回忆

冥想与回忆似乎是我的癖好，虽然没有到达沉溺的程度。这种恰好的火候，使我安然地生活在自己家中，而不是被送到精神病院里。

这种由来已久的癖好与我的职业无关，我想，它应该只与我的性情有关。倘若我不是一个作家，我的一生依然会有很多时间处于冥想与回忆之中；恰好写字也是我的一种癖好，而这个写字的癖好，成全、梳理了我的耽于沉湎的性情，使我走向精神的健康。

并不尽然是怀旧主义倾向，往往是一些模糊不清的也不一定有什么意义的零碎片段，它们没有什么秩序章法地来到脑中，并在此盘桓。更多时候，是一些现实的碰撞在脑中叮当作响，这里面有激情、有愤世、有忧伤、有回想。当我把这些外人听不到的叮当作响的东西，转移并升华到电脑中的纸页上，我的一颗悬着的心仿佛才落了地。

寻常日子

岁月流逝得多么令人不可思议，依旧是倚坐在写字桌前沉思默想，房间里依旧飘散着菊花的幽香，阳光也依旧地淋洒在真丝般柔软的发丝上，以及开始斑驳的窗棂上……然而，写作的日子像一天天不肯凋萎的藤萝，已经绵延开放了二十年的时光。

端坐电脑前，盯住不断跳跃到屏幕上的字迹，一动不动，生怕身体的摇晃扰乱了刚刚"站立"到眼前的字迹的秩序，思乡一般凝神专注。偶尔，停下来，聆听窗外的风声或雨声，不知为什么时光流逝了我依然还在这里。

通常，我早晨起床收拾完毕之后，就坐到我的书桌前进入写作状态，在我的右手边上放一杯醇香的绿茶，我的思维和神经如同我家里的那株龟背竹的茎叶，当茶水慢慢被"浇灌"进我的身体里边去之后，那些"茎叶"（神经）很快就活跃起来。早晨对于我，永远是一个持续不断的沉重的起点。一天的日子就像一辆载满货物的卡车，由早晨来启动，它往往可以决定出一天的趋势。

起晚了床，是一件令我十分恼火的事，有时候上午一睁开眼居然已经11点钟了，便一边匆匆穿衣，一边生着自己的气。掰手指算算，从夜里一点钟睡下到醒来，整整睡了10个小时。我实在不明白像我这样一个主观上喜欢"勤奋"的人，为什么客观上偏偏"脱生"成一只睡不醒的虫子。别人一般每日只需七八个小时睡眠时间，有人甚至常年只需五六个小时，而我却必须睡够九十个小时方能头脑清醒，方能全身状态正常地从事一天的事情。

匆匆收拾一番，便赶车似的冲到书桌前坐定，深呼吸，进入写作状态。

电话是个很严重的打扰。刚刚想好接下来的一句非常漂亮的句子，一个电话却使人停滞下来而转入另一个话题，待重新坐到书桌电脑前，打算拾起刚才的句子时，它早已不翼而飞了。这令我十分沮丧。

坐在书桌前，当"灵感"不断、锐利的思想和美妙的句子源源不断涌出的时候，便是一天里最为幸福的时刻了。除此之外，我真的不知道在日常的生活中还有什么能够牵引我的神思靠近"幸福"这个语词，帮助我在孤立无援的精神境况中靠近安全感与希望。我惊异是什么魔力使我对此产生如此亘久而执拗的感情！肩酸背疼、心力交瘁却乐此不疲。

手指在电脑键盘上纤巧而温柔的移动，那指尖与键钮的摩挲带给我身心的是多少奇妙的感觉啊——仿佛是触摸爱人的光滑性感的肌肤，屏幕上的文字也像是爱人的脸孔，不断变换着微妙复杂的表情，使我神情专注。我信赖自己的指尖超过我对自己身体任何其它部位的信赖，比如眼睛，耳朵，比如脚还有胃。眼睛虽说不近视也不斜视，但常常忽视了不应该忽视的。耳朵和脚板虽说不太软，它们用来鉴别各种各样的声音，以及选择形形色色的道路，但它们却总是习惯不由自主地被湮没在"怪声"和"歧途"里，远离了千人同歌的大合唱以及万人同途的金光大道。至于胃——这个据说被称之为人类第二大脑的家伙，则更是令我不得安宁，苦不堪言，药片不断。只有我的手指尖，那纤细而富于悟性的指尖，当它嘀嗒嘀嗒轻跳着惊醒了安睡的电脑键盘——那个庞大的字词仓库和思想仓库——指尖在它上边环绕摸索的时候，才显现出异乎寻常的敏感性。它如同最富灵性的磁石，使那些字词都仿佛自己长上了脚，那些思想也都自己睁开了眼睛，奔向我的指尖，那指尖呼吸着、尖叫着牵引着它们，美妙的句子就那样源源不断地流出了。

有一位我十分喜爱的作家，他有一个玩笑而聪明的说法，他说，"每天往电脑里存（写）上1000字，无异于每天存上1000元钱的那种踏实感。"我听了觉得特别有趣。对我来说，每每面对着电脑，倚坐在夏日敞开的窗子下，抑或冬日斜射进来的暖暖的阳光里，我的整个身体就像羽毛一样飘忽陶醉起来。

　　每天当我离开电脑的时候，我总是试图把正在进行的小说丢在一边。但我发现，它并没有真正地离开我，它一直就"隐身"在我的潜意识里，无论我漫不经心地瞥上几眼电视，还是靠在沙发里无目的地读书，抑或与朋友们聚会时的闲谈碎语，只要有什么敏感点与它发生感应，它立刻就会像个小人儿似的跳到我的意识中，对我指手画脚。直到第二天我打开电脑，继续写作的时候，它才安静下来。

神思远游

也许我正如同纪德的内心窘困一样，当他对自己的灵感感到枯竭时，他或者强自己所难，或者在旅途中逃避内心的不适。他的生活处在抵达和出发之间，周而复始。

长期以来，离家出走既是我对麻木停滞的生活的逃遁，又是空虚时补偿我没有写作的替代品。仿佛我不安的双脚在空间距离上的延伸，能够抵消精神与思想的凝滞。当我的脚步声像一只绝望的黑鸟栖落在某一处陌生的土地上时，我的新鲜的思想便会同墨蓝色的月光一群群升起。

为了对生活感兴趣，我的确尽可能在调动自己业已平缓木然的神经，希望旅行成为一支兴奋剂。

不确定性和未知感，对于寻求异常色彩和声音的目光，无疑是一种诱惑。但是，一个悟性极好的人，经验便如同阴影，或者如同积厚的尘埃，覆盖在门扇后面那一张枯黄陈旧的地图上，它限制着我的急需迈出的脚步和梦想，使我很难在哪一小块土地或者哪一张莫测的脸孔上寻到一片鲜亮，然后为之一震。

但是，我仍然选择出走这个方式。

也许，正是这种离家在外的漂泊感，迎合了我内心中始终"无家可归"的感觉。那个附着在我的身体内部又与我的身体无关的庞大的精神系统，是一个断梗飘蓬、多年游索不定的"孩子"。这个被现实从我的身体里分裂出去的"孩子"，终于在我的躯体真正飘荡在外的时候，与我重合。

写作，更经常地作为我离家出游的替代，它是不是一种逃避呢？我真的

| 谁掠夺了我们的脸

说不清。

　　维特根施坦曾说，凡是不可说的，我们必须保持沉默。对于这个世界，我已经说得太多了。沉默的时刻是否应该到来？

一些不连贯的思考

1. 写作是最好的交谈

对于我个人来说，写作是最好的交谈。我对于人的内在的丰富性和复杂性有着特殊的兴趣，这使我总是有许多想法和感受。但我又不善于口头的表达。当语句从嘴唇里流溢出来时，它常常是游离了原来的本意，可能根本就违背了初衷，起码它无法涵盖我内心里复杂而敏感的意图的全部。交谈对于我，很难贴近事物本身的那个微妙的分寸。甚至有时候，外边的那些"言词"如同月光一样，是一种伪饰的光芒，毫无意义。在这种时候，信奉交谈是一种慰藉，无异于信奉画一个面包可以充饥。

但是，写作这一种交谈，我觉得它的丰富性、多面性是埋藏在文字的深处的，只有当我把它付诸文字，也就是说当我写作的时候，我才真正感觉良好。好像是独自"玩"着一种极为高级的智力"游戏"，我愿意为这个"游戏"放弃其他的游戏，我独乐其中。

如果说，我的写作这种交谈是一段清唱，那么它就是众口一辞、同声齐唱中的一曲细语般的不强加于人的复调式或多调式的一人承担的独唱；如果说，它是一幅不安静的随时准备张嘴说话的绘画，那么别人的阅读就是一只栗色或黑色、认同或否定的画框，使之完整；如果说，它是一种"疾病"，比如是一种难以诊断的复杂的"传染病"（当然，最好是一种对人体有益的"传染病"），那么没有哪一种"传染病"会比它传播得更快，蔓延得更广。

我的写作这种交谈方式，的确是一种精神运动，一种血液运动，一种心跳运动，它使我的生命力不停地运转，得以更好地生活下去。

2. 美女作家以及作家的性别

美女作家这个概念是上世纪九十年代后期出现的，而我是八十年代出道的作家，从辈分上讲应该是"老"前辈了，所以我不在这个群落中。我的写作和她们的写作姿态也不尽相同，美女作家大多从事的是时尚类写作，而我对时尚一直是心怀警惕的，时尚中有优秀的东西，也有糟粕的东西，良莠不齐。真正文学界的作家、批评家们以及负责任的媒体记者，没有人把我纳入美女作家的行列。一些不大清楚文学发展脉络的媒体有时候为了炒作新闻，将稍有姿色或者外观美好的女性作家统统推入"美女作家"的行列，对读者造成了一些误导。这是概念的混淆。

最关键的是，我一直觉得，一个女作家是否漂亮，与她的写作无关！我们不能简单化地以为，一个外观好看的女作家，她的作品就一定肤浅；或者一个外观平常甚至不好看的女作家，她的作品就一定深刻。这种浅薄的观念未免愚蠢。

在我的概念中，只有好作家和不好的作家之分,而这,不是性别决定的。

我觉得一个女性作家，她不仅应拥有可感、可触的感性方式，同时她也应具备理性的、逻辑的、贴近事物本质的思想能力。也就是说，她不仅用她的身体、她的心来写作，她同时也用她的脑子来写作。伍尔夫曾在《一间自己的屋子》里提到"伟大的脑子是半雌半雄的"，我觉得有一定道理。一个女性作家，只有把男性和女性的优秀品质融合起来，才能毫无隔膜地把感情和思想传达得炉火纯青的完整。这并不意味着缩减或隐藏我们作为女性的特质，恰恰相反，我以为这是更加扩展和光大了我们作为女性的荣光。

一般情况下，倘若有人称我是作家，或者称我是女作家，我并不以为有什么本质上的不同，我也并不觉得称我为女作家就意味着一种贬损或降低，这只是一种性别标志而已。我为自己的女性性别感到荣耀！

当然，有人提出，为什么很少有人称一位男性作家为"男作家某某"。这是一个问题，一个显得蹊跷、显得不公平的问题。现代西方社会很看重这一点，比如使用他们的电脑系统，如果你输入一个"女作家"或者"女演员"，它立刻会跳出来一个框，提醒你是否有性别歧视。在我们的社会文化中，这的确是一个有待探讨和深思的大问题。虽然，就我们目前一般的情形来说，作家称谓前边的女性性别提示大多是善意的，但对于这个源远流长的惯例本身，追究到它深层的意味，的确是需要探讨的深刻的文化政治。

3. 关于"个人化"

我看到一些批判"个人化"的文章，无非是"个人隐私的大汇展"，"专注于'小我'的生存品味"，"忽视作为主流的'大我'"，"肤浅而无聊的境界"等等。棒子抡得很圆。使我惊诧的是，抡棒者中竟有急火火的十分年轻的人和并不太老的人。

想一想，可能有如下几个问题：

A. 小说的个人化不等同于写我自己。

批判者凭主观臆断把小说里的"我"当成了现实生活中的作家本人，于是说"这是隐私的大汇展"。批判者并不认识现实生活的作家本人，怎么认定这是他（她）的隐私呢？把小说里编造或想象出来的情节当成真实，显然是一个错误。以《私人生活》为例，小说中所涉及的人物，比如T老师、禾寡妇、男友尹楠，都是我本人真实生活中从未存在过的人物。再比如小说中的"我母亲"，一开始就去世了，而在我的现实生活中，我母亲的身体十分健康，比我的身体还要好。既然小说是艺术的创作，是对经验的想象的产物，那么与作家的个人隐私有什么关系呢？我想，我的隐私是属于我本人的，它是永远不会公之于众的。

B. 个人化不等于"小"，群体化不等于"大"。

小说中的"我"即是一个个人，一个存在。没有个人，妄谈"人民"。没有个人，所有的高调都是空的。而所谓代表着"群体"的"大我"的脸谱，或者过度强调普遍意义的所谓"典型性"，这个陈旧的格式其实除了千人一面、雷同复制之外，什么也没有。张仲锷先生曾经专文谈论过小说的"小"，提到小说忌"大"，譬如大而无当，一写长篇就要反映一个所谓的全时代，造成主题雷同的匠气，小说就是要往"小"里"说"。我以为，若是非要往"大"里"提升"，那么对个体生命的探寻（即个人化写作），不正是挖掘人类意义的过程吗！另一位的前辈作家也曾在《谁是"人民群众"》一文中呼吁：呜呼人民群众，多少好事假汝之名以行！

C. 缺乏个人化的文化是"贫穷的文化"。

我们都知道，拥挤的居住环境、不得已的群居状态、没有个人的精神空间、忽略个人的存在等等，是物质贫穷的结果。而没有个人色彩的文化、缺乏独特的个体思想的艺术，则是"贫困文化"的特征。动辄以"国家"、"人民"的幌子强行抑制个人的声音（此处仅指艺术范畴），武断地以"主流群体"的名义覆盖个人的意识（此处仅指学术范畴），应该说是精神的文明仍处于蒙昧不开的社会阶段的行为。现代世界几乎所有的哲学家，从康德、维特根斯坦到克尔凯格尔，无一例外地大谈个人的重要性，个人是人类的基本单位，精神的个人化的程度从某一侧面可以看做一个社会文明的标志。英国的人类学家利奇（Edmund Leach）在二百年前的《社会人类学》里就已经谈到"个人主义是现代社会以及现代艺术的中心思想。"这个个人，决不是"老子天下第一"，而是文明社会的丰富、多元、平等和百花齐放。

D. 小说艺术从某一侧面始于个人化。

在历史之初，所有的艺术形式的存在都是以社会功能为目的，比如音乐的节奏在劳动时可以协调人们肌肉的力量，增加劳动的效率。雕塑或绘画的艺人也只是匠人，由命令者出意图，匠人出卖艺技。艺术史家称之为"复制"。工业革命以前的大多社会，虽然存在着不少艺术活动，但艺术史家们似乎从来不说它们是艺术。在这一点上，小说和其他的艺术是一样的。所有的艺术包括小说的创作都是由个人化的进入而成其为始，它是以是否融人了个人化的独特性来区分"复制"与"艺术"的概念。《牛津英文辞典》曾收录了 1809 年时艺术史家们论述：现代创作已经变成个人的现身说法，设法说明塑造自己个性的各种影响以及影响最深的人际关系，透露自己行事的各种动机，试图把自己的生命做为一个连贯的叙述，并且借着这个过程发现生命的意义。

中国的古文化源远而流长，曾辉煌于世界之林。而当世界文明发展到了今天，我们今人的艺术观念却仍然停留在这个早已不成其为"问题"的问题上讨论来去，真是令人啼笑皆非。这个问题的存在令人羞愧。

悲哀的是，我们这个陈旧的艺术观念仍将存在下去，也许十年、三十年，也许更久。也许需要几代人来完成。这就是我们这代人的代价。

4. 成长的经验

坦白地说，我现在的心理状态和我的小说里呈现出来的已经不尽相同了，我现在每一天的日子都过得很平常，不压迫自己，更不难为别人。其实，这辈子没人能压迫我，除了我自己！

有时回忆起青春期时候的状态，觉得有点不可思议，觉得太跟自己过不去了，拿来许多人生的重大哲学压榨自己——我是谁？我在哪儿？别人是谁？别人又在哪儿？干嘛要和别人一样？别人和我有何关系？我干嘛要寻找这种关系？这世界到底是个什么？男人和女人？生还是死？多少岁自杀？用什么方式了结？——太多太多沉重的问题我硬是让二十岁的敏感多思的神经全部担起，而且一分钟也不放过，这似乎成为我的一种生活乐趣。我的青春期就是这样一路跌跌撞撞、歪歪斜斜、半疯半醒、濒临崩溃地走了过来，走的弯路太多了，偏执的东西太多了。

比如，人们普遍地认为，聚拢成群的状态才是真正的生活，而我那时候却坚定不移地以为独自的空间和思考才是真正的生活；再比如，我曾经有个论调，说写作是为了能够活下去，现在显然应该理解为写作是一种乐趣；我曾经号称能透过半句话、半个眼神看到事物的本质，实际上事物的内在情况要复杂得多。这些不是对与错的问题，而是把问题简单化绝对化了。

有时候想，会不会今天出生的孩子与我当初不再一样，他们一生出来就是一个比尔·盖茨或索罗斯；一生出来就忽闪着聪颖的大眼睛对妈妈说，你欠我多少的出场费；一生出来小脚丫底下的路就都通向——明确。我想，这样的"人才"在当今的社会肯定越来越多，但也还会有另外一些人会拿出与我同样的问题"难为"自己，甚至思考一生。

我记得美国一位哲学家弗罗姆对现代人的目的性和明确性曾深深地忧虑，大意是我们把时间和精力都花在那些能产生结果的事情上了，我们说的、做的结果无非是金钱、名望和地位。也就是我上面谈到的——明确。这当然无可厚非。有人也许会问，哲学或者那些严肃的文学多少钱一斤呢？这个问题的确难以回答。人们首先要生活，但生活还包含乐趣或者个人愿望——现代人越来越少考虑去做任何无目的的事情了，不愿意去做一些不能很快换来结果（利益）的事情。可是生活有时候并不是为了达到什么目的，而只是它本身过程的乐趣。在这样一种功名、利益和消费等外在目的过于明确的追逐中，我们已经越来越多地远离和失去了"乐趣"，以至于难以想象它的存在。

也许我的想法是为自己曾经的思想之路寻找一种合理性。但是，我心里无比感谢那些"弯路"，它使我懂得今天的日子要过得闲疏而平常，亲切而自然，懂得我们既要拥有财富又要知道不是一个"钱"字可以了得，懂得我们应该是既复杂又单纯、既有深的质感又有松弛自然的表情、既恪守自己又通透旁人的人。

终于从"难为"自己的漫长道路中走出来了，发现这世界其实还是它本来的样子，不免有点"失落"。但是，那些问题对于今天的我，也许会自如沉着地一笑了之，把它积淀在更深的地方，含而不露，不再追切地对结果忧虑。

随着阅历的增长，我已经慢慢地把过去很多锋芒的东西内敛起来。我的从前是一副"反骨"，但是由于阅历的增长我就能把这些东西掩埋得比较深。生活是需要不断"妥协"的，需要用一种达观的、幽默的态度来消解。这个世界不是专为我们自己而设计的。以前我曾说"与生活和解"，说到底就是与自己和解。然而，这并非易事——那是放弃什么之后，依然有自己内在的准则与坚持，有快乐的勇气，这也许是更高一层的境界吧。

这是成长的经验，也是成长的代价。

谁掠夺了我们的脸

观照内心的文字

　　文学作品关于外部世界的叙述，或者关于人自身内部的慎独，应该不是一种对立的关系。人内心世界的反应或描述，肯定是人与外部世界碰撞的结果。作家的类型有所不同，有的比较倾向关注外部世界，以向外探索为特征，乡村、工厂、矿山、企业、官场、国家、战争……外部事件构成了作家的叙事主体框架；而有的作家则比较感兴趣人自身的灵魂或人性的体悟，把有限的外部空间——比如把我们那些平庸琐碎的日常生活、那些人们不经意的举止情态，以及光线草木流水迷雾的痕迹、时间的流逝、视线所及的风云变换……吸纳到无限的内心空间里来，以一种非由外部事件构成的情节为主线的、内在而隐形的心理流动为主体。理论家们称之为"追思生命的本源"也好，或曰什么主义也好，我以往的小说大致就属于后面这一类。

　　葡萄牙作家佩索阿曾说，"我的内心是一支隐形的交响乐队……真正聪明的人，都能够从他自己的躺椅里欣赏整个世界的壮景……他仅仅需要知道如何运用自己的五官感觉，还有一颗灵魂里纯正的悲哀。"我确实感同身受。这里并不是说，我们只是关上门，自说自话，拒绝外部世界，只感受自己。任何一个思想着的人都不会如此。每一个认真的作家都会将人世间的一切视为自己的源泉和财富。这些年来，我其实一直是，一边忙着关门一边忙着开门，一边叛逆着一边反省着。这里只是强调，我们也需要摆脱喧哗与嘈杂、需要静心沉湎于内心和精神深度的一面。

　　有人教导我们，创作"要大"，"要宽"，我在虚心反省自己的同时，也与同行朋友切磋这个话题。有一次，在谈到这个话题时，王朔说，陈染你知道你的写作对我有什么启发吗？原来我的写作是受海明威影响，认为内心活动必须通过对话通过外部事件表现，也就是冰山理论那一套。那当然是一种很好的技巧。但时间一长就会轻视内心活动，精神的东西。可是我看了你的小说之后，我意识到它的重要性。就是外部东西看似千差万别，其实你仔细检索描写当代生活的小说，都是一种模式的，所谓的不同就是指的内心感悟。我认为你的方式是对的。关于外部描写现在有纪录片、电视电影，那表现得更直接，跟你抢夺同一块阵地。那么我们的文字就应该达到镜头达不到的地方——内心。也就是说文学再往前走，恐怕你那个方向就代表了文字的未来……王朔的话当然对我是一种鼓励。

我看到苏童的言论更为直接，他说，"我最后要说的也许是个谬论，对于一个作家来说，重要的不是如何开放自己，而是如何封闭自己。"

我自然是继续思索这个问题。但是，迟早这将不再成为一个问题。

现在，我的立场仍然是，向内与向外是两股道上的车，有交叉，但并不对立，也不可比。我个人更偏爱前一种。

既然百花齐放，那么百鸟争鸣便是一种丰饶的景致，即使是一只小鸟、一只弱鸟或者是一只丑鸟，也不能扼住它的喉咙。

如果你的生活烦恼丛生，那是因为你希望如此，也许多少有点「受虐狂」特征你并不自知。如果不能改变现状，那么起码可以改变你对现实的态度。

我与读书

一个过于自我掩饰的人，往往会感叹没有真正的朋友，其实正是他自己把别人推开的，因为谁也不会把自己交付给一个摸不到底的人。

她融化了她的性别

在这样一个信息越来越容易的年代，有关书，我却有一个相反的感觉——尽管书店里华丽漂亮、装潢考究的图书琳琅满目多如牛毛，尽管报纸电视网络传媒关于图书的广告推介锣鼓喧天铺天盖地，尽管各种图书的排行榜应运而生层出不穷，但是，对于一个不怎么容易被表面的喧哗浮闹所诱导甚至盲从相信的人来说，得到或者发现一本好书，却是越来越难了。

我现在经常重读书柜里的旧书，读旧书如同品味陈年的醇酒，总能感到韵味无穷。近日，一本漓江出版社 1987 年出版的、725 页之厚、定价 5：30 元的《尤瑟纳尔研究》（柳鸣九编选），从我的书柜中重新落在我的手中。这样一本纸页焦黄、装帧简朴的旧书，如同一件珍品，把我的日子照亮，使我再一次领略这位法国女作家的魅力。

我看到的尤瑟纳尔是这样的一位女人，她像一座沉甸甸的雕像或者铁塔，安静地坐在我心里，面目沧桑，满眼深邃，气韵超凡，智慧到无语，令我感动到默然而不是怦然，令我爱慕到敬仰而不是沉迷。她哀伤而不迷乱，她恍惚而有逻辑，她的爱深沉而节制，缄默而不失控妄为。在我的感觉中，所有的属于女人特有的慌乱忐忑、忧愁迷惘、歇斯底里以及非理性，在她那博大深沉、沧桑睿智的胸怀里包容得处惊不乱，滴水不漏；所有的人世间的寒暑风霜，在她面前都如同微风拂过，鬓发不乱。她是深不见底的湖泊，辽阔无边的疆域，你可以在她的胸怀中恣意地神思畅游，感受被智慧和力量包裹的温暖。

在我们感到慌乱、哀伤、低落和脆弱的时辰，她就是那稳重的高山之肩，是那气定神闲的磁场，令人心安。她托住你，让你内定力上升而不是沉浮低谷；她拓展你，而不是让你陷入越来越深的迷乱。

这，绝不仅仅是一个女人的胸怀。对于我来说，她融化了她的性别，她是一个完整的人。

她令我感到自己的渺小，因为我强烈的意识到自己只是一个女人；她使我周遭的很多人显得黯然失色，是因为他们只一个是男人或者只是一个女人。

而尤瑟纳尔，她是一个庞大而丰沛的国家！

谁掠夺了我们的脸

另一类伙伴

可以说，我是在书的包裹里"玩"大的，尽管我曾一度沦为书奴。我说玩，并不是指真正的玩，而是指读书时的一种轻松、自由、纯净与快乐的玩的心理与情绪。

我先"偷"两句古人的话做我的保驾。中国有个活了 2300 岁的老头儿叫庄周，他曾说过至乐无乐、大智无智这样的话。在我现在的理解里，那就是：文化乃至任何一种事物发展到一种极单纯极轻松的境界才是最为高级的境界。我们常常看到一种"哲人"，他们把生活里最为简单易懂的事物硬是死去活来地倒腾成深奥莫测似是而非的东西，嘴里冒出的好像也不是人说的话。我不知该称这种人是什么。我所崇敬的是那些懂得化繁为简、懂得轻松自如的知识分子。复杂后的简单，动荡后的宁静，悲哀后的快乐是人类成熟的一种标志。这当然也不是社会上普遍存在的傻玩与傻乐。任何一个伟大的人物，我相信他（她）临死时所渴望的是自如、轻松与单纯。

我说玩的另一层含意是，我读的书实在不博大也不精奥。我敬重那些抱着读一辈子书目的读书人。但对于我自己，却一直缺乏对于某些书本的刨根问底、究其终果，甚至认为那是不够自由的表现；对于终极追问，只知其然不知所以然，也许有其聪明颖悟的一面。因为这个世界并不一定完全存在着因为与所以。

我的整个学生时代，包括早已离开学生生涯的我的现在，一直都是在书的拥围里。然而，在老师逼迫下的读书与自己在家里的读书却在感情上存有天壤之别。

　　在学校里，老师屡屡告诫我们的是刻苦、苦学，还用古人们的故事来教育启发我们，诸如"头悬梁锥刺股"，什么"铁杵成针"之类。总之，离不了一个"苦"字。可是，干嘛要"头悬梁"去读书呢?! 可见那书有多么乏味，我看，应该立刻丢了书本跳进水里去游泳，或者站到阳台上冲着黄昏的夕阳干一杯；干嘛要用粗铁棍去磨针呢?! 用铁钉或更细的铁丝去磨不好吗？和"苦"连在一起的书，在我的眼里就是"奴隶主"，而我天性就不想做任何形式的奴隶。当然，我并不是说带苦味的书一定不好，它也许是绝顶的智慧，但同时它也许离你太遥远，你满眼的苦颜色，你的心在抗拒它，那么再好的书也是读不好的。可以打个比方，一个出家的僧人，假如他的心灵邪魔缠绕，不宁不静，那么即使给他封闭在一个无门的庙里，断酒肉、隔尘缘，他依然不会万念俱灭、超悟尘凡。林语堂先生也讲过，如果一个僧人回到社会里去，喝酒、吃肉、结交朋友，而同时并不腐蚀他的灵魂，那么他便是一个"高僧"了。我以为极是。所以，不要去学古人把头发系在房梁上，也不要用铁棒子磨针的精神去啃一本啃不动的书。因为，其结果可能是所获甚微或者一无所获。

　　从小到大，我始终在可乐地忙一件事：逃。我们往昔的各种教育多看重共性，而几乎不讲个性。有些学校里的教师往往强迫学生功课以外该读什么不该读什么，总想做别人心智的主宰，这无疑是一种"霸权主义"。现代奴隶在我眼里就是丧失心智自主权的人。所以，做个任人摆布的玩偶是件悲哀的事情。这也是我总想逃离群体而最终不能成为一个老师眼里的本分学生的根本。

　　读书的灵魂应该是自由的。我读书基本上就是在这种状态下进行，也就是前边提到的"玩"的心境下进行的。每每夜幕低垂，窗外黑风响得紧，雨珠敲得勤的时候，特别是冰冷彻骨的冬夜，房间里暖融融的，一盏孤灯、一杯香茶、一把软椅、一个平和的心境，加上一本好书，真是世间难寻的幸福，一个默想人生领悟世界的境界。这份宁静与沉思的享受并不是谁人都可以得到的。

世间读书人大致有书主和书奴两类。"锥刺股"们以及在考试的压力下读书的，即是书奴；相反，那种借着书页浏览了大自然美丽景致或者似与一位大智者长谈一番的快乐忘情之人，便是书主。当然，有时候往往是那些书奴表现得最为谦逊、最为随和、最为合群、也容易获得社会的认同与成功；而那种心灵极度自由、深爱孤静、沉迷一灯一椅一茶一书的书主却显得落落寡合，不易为常人所接纳。遗憾的是，在很多人眼里，前者往往被看做合乎规范与情理。我却不这样看，勉强心智去做自己不喜爱的事才是不合规范与情理的。

　　读书的自由，也许像所有的自由一样，是一种中庸或一种技巧，只看我们怎样使用它了，聪明人便抛出李密庵的半半歌自慰：

　　　看破浮生过半

　　　饮裳半素半轻鲜

　　　肴馔半丰半俭

　　　妻儿半朴半贤

　　　心情半佛半神仙

　　　饮酒半酣正好

　　　花开半时偏妍

　　　会占便宜只占半

　　我并不提倡这种中庸。只是说，消极、被动的一半是为了更好地使积极、主动的一半得以施展和发挥。这是一种消极的积极。

　　话说回来，对书的选择应是自由，与书的依附关系更应是自由。我和书的友谊就是一个由紧密到松散的过程。正像一对情人，由初恋的如蜜似胶相依相慰，发展到后来的一种无须言语然而却默契理解、刻骨铭心的散淡。

　　大约爱书成癖的人最初都很"痴"，他们用一本一本的书砌成一个个沉

谁掠夺了我们的脸 | **233**

重的城堡，把自己围在里面，生活本身却在城堡的外边。他们一本一本地狂啃，带着一种忧思，一种模糊，一种梦幻，以为吃完了城堡就可以把真理攥在手里了。我曾经就是这样一个痴人，也许现在仍然是，只是似乎领悟了点什么。其实，城堡外边的生活里，智慧是那么简简单单没有加工地明摆着。

当然，这个道理只有把自己关在城堡里的人关到最后才能拾到。当有一天，天空的星星与地上的雨声全都睡去，他（她）在城堡里关得太久而失眠的时候，他（她）无意间破开城堡的一个小窗口，发现夜色里游来荡去全是人，大家都在寻找着什么，都在睁着发凉的眼睛望星空。他（她）走出城堡，看到每个人空空洞洞的脸的后面都有一段故事，比城堡里的更鲜活生动；他（她）听到每一个人的笑声深处都是一种经验和智慧，比城堡里的更美丽，也许更丑恶。他（她）不禁感慨以前怎么没有看到和听到呢?! 从这时开始，城堡慢慢开始融化，压在肩上的沉重忧郁的大书柜慢慢坍塌化解成平平淡淡的生活。当然，这并不等于老子的"绝圣弃智，绝学无忧"，而是合上了小书，翻开了大书。

"走进走出"的过程，并不是绝然鲜明的分隔。现在，当我外出旅游时，不会再像以前那样背上一堆书，甚至背上大字典，它们已经无形地装在我心里了，书是否带在身边已经不再是最重要的事情。我可以看许多许多其他的"大书"，看老榆树沉稳地站立，柔弱的风怎样躲开雨滴，看夜色皮肤的衰老，看悲哀的病鸟躲进黄昏的瓦缝，看泪眼里面的晴空，看晴空后边的背影，背影里死亡的梦和没有梦的宁静，去看很多很多。世界比书本的颜色多得多。

但我仍然爱书。感兴趣于中国古典哲学与中医学，更感兴趣于西方精神分析学与现代主义哲学，感兴趣于超自然界的边缘科学。我从不给自己设防，也没有禁区。

书可有形，亦可无形；书可以穿上衣服变成我，我也可以脱掉衣服钻入书。我们相互依赖，又彼此独立。书永远是我的朋友。

在书中与自己相遇

近几年，我买书越来越少了，即使到了书店，望着那些琳琅满目、铺天盖地、华丽漂亮的书，人却仿佛没什么精神，兴奋不起来。我觉得不是我的好奇心求知欲退化了，而是经过无数次的"打击"不再那么轻易相信了——比如一个非常精彩的书名、非常精致漂亮的装潢、非常值得探究的话题，这样好端端的一本书被买回家，一看，内容却粗糙肤浅得一塌糊涂，简直就是粗制滥造。这样的打击多了，人也就木然了，变得不轻易买书了。

我一直觉得，物质商品的市场化是毋庸置疑的。但是文化、文学、艺术的产品是否也要绝对的市场化呢？单纯的大众娱乐的繁荣是否是真正的文化繁荣？这些问题值得深思。

我没有什么评价好书的绝对标准，只有一点个人的喜好——没有官气也没有商气，这是最基本的。我也几乎不相信排行榜一类的事物。我经常重读书柜里的旧书，读旧书如同品味陈年的醇酒，韵味无穷。

前一段时间，我重读几本书柜里的旧书，《大哲学家生活传记》（美国，1992 年 5 月，书目文献出版社出版）成为我的一本枕边书，这本书可以作为我在庸琐的现实中寻求自己的精神位置的一本书，我可以没前没后翻开哪儿是哪儿地读下去，而且只需片刻时间，我便可以进入另一种精神状态——那是和我的内心非常符合的深沉的精神所在，一种寻找自己并能够与自己相遇的精神状态，说到底，它是一本通过哲学家的思想脉络梳理我们自己思想的书。另一本书是漓江出版社出版的《魔鬼辞典》（美国），这几乎是一本令人百读不厌的书，作者用辞典的方式，为周遭事物进行幽默、调侃和反讽的定义，阐明作家对人类及其文明的深深的沉思与质疑。还有一本书是三联书店出版的《现代人的焦虑与希望》（德国），该书涉及到一些困扰我们这个时代的重要问题，探索了西方文化尤其是西方思想的根源，反省我们的社会结构、人对自然以及我们自身生命的嬗变、更迁，并试图指出一条脱离困境与危机的路途，在人类思想的不断破旧立新的激变中，在全球性的思想多元化的世界上，如何寻找我们自己。

我是在《我们仨》（三联书店）从书业排行榜冷却下来之后读到此书的。读完90岁高龄的杨绛先生的书的时候，我的确心悦诚服，杨绛老人的书我以为到达了炉火纯青的至高智慧，她尽力将历史、政治等意识形态化的东西不着一丝一痕，把那些随世而逝的时代的风云掩埋在聚散离合、骨肉人生的话语里边，她摈弃那种简单化的"我控诉"，不屑于跳着脚地"揭伤痕"，但是谁都能够看到那种淡定坦然、娓娓道来的人生戏剧背后的东西，这是大手笔、大境界的人才可以写得来的。她说："我们读书，总是从一本书的最高境界来欣赏和品评。我们使用绳子，总是从最薄弱的一段来断定绳子的质量。""有名气就是多些不相知的人。"平平淡淡中透出的是高段位的人生智慧。当然杨绛老人多少也回避了生活中那些存在的丑陋，夫妻从不吵架吗？从不产生厌倦吗？人性中从未有过私欲、偏狭和粗暴吗？我觉得书中过多的和谐与温情冲淡了生活本身的某些锋芒与尖锐，因为即使是不掺杂历史政治的人生也会有太多的矛盾、太多的不堪啊！老人是有意回避这些的，她不想说了。我想，我们每个人可能都会有一些东西永远不想提及，不会透露于世，永远尘封于心，与生命一起消失。

我还要提及一本特殊的书《王蒙自述：我的人生哲学》（人民文学出版社），此书每一篇我都读了，觉得这是一本在中国这种独特而复杂的意识形态和人际关系背景下的人生哲学经典，既有变通的姿态，又有固守的执着；既有审慎小心的仔细，又有洒脱不羁的一笑了之……是一个活得太明白太通透太智慧的人的人生经验和策略。也许有人会说，圆通的多，棱角就显得的少；四面顾及的多，冷僻锋芒就显得少；外化的多，内化就显得少。但是，我想人生哲学不同于艺术创作，以王蒙先生的丰富阅历，是不会再把生活本身艺术化的。

读一本好书的确如同品味一杯醇酒，好几天都会觉得日子非常充实，沉醉其中，这对于我这样一个沉静并安于家中的阅读者来说，为生活中拥有如此的甘饴而感到韵味盎然。在书的宝藏中，我始终渴望智慧的火花娓娓跳出，渗透皮肤，融到血中，钻入骨中，犹如醇酒被慢慢咽入胸腹，之后，它的馨香和力量才缓缓溢出。

沉默比毒药更动人

从出版社得到一套三岛由纪夫系列书籍，夜里便翻开他的那一本传记，阅读起来。十年前，我曾经读过三岛由纪夫的小说，当时是与川端康成的书交替而读的，书桌上还同时并放着几本其他不相干的书。也许是十余年来我的内心越来越沉于平和的缘故，这次读他的传记，我发现越发不甚喜欢三岛了。这个人的张扬膨胀、自我中心、刚烈易碎，远不足以引起我的敬意。1970 年自杀的三岛由纪夫已是 45 岁的成年男子了，可他依然在心理年龄上停留在如此躁动的青春期，比较起那种深邃冷静、平和达观、雍容幽默、智足远虑、不动声色的人生境界差得远矣。仅说他的切腹自杀，无论出于他天皇观的政治殉身，还是《叶隐》义理的以死相赌的殉教，还是他"夭折美学"的文学殉死，乃至从精神病理学上他的变异的性心理压抑而至的殉情，都具有十足的"残酷美"的表演色彩，都是过度的自我膨胀而直至崩溃毁灭的结果。日本这个民族的特征把他的个性推到了极致。死前连他自己都说，六年前他写了《忧国》，现在又完成了《丰饶之海》，没想到今天自己要实际表演了，真想不出自己再过三小时死的样子。

自杀，并不是我不喜欢他的缘由，他的大男子主义也仅仅构成在我的女性性别上对他的敬而远之。我所以不喜欢他，关键在于他的表演性、展示性。

三岛由纪夫是经过四年的周密考虑、细致计划，才动手切腹自杀的。三岛首先在媒体界大肆渲染，做足了舆论准备，然后又对所有迈向死亡的行刑步骤做了八次逐一的详细的操作演习。死前几个月还举行了辞世宴。

经过反复策划的行动，逐一如期实施。1970 年 11 月 25 日这一天，他早早起床，没有与妻儿做特殊的告别，也没有作为一个丈夫所应有的对妻子、孩子的依舍和放弃责任的自疚，只是精心洗浴修饰自己一番，穿上日本传统的兜裆裤以及盾会制服，带上短刀匕首，留下请编辑来取的遗稿，然后就分别给记者打电话，并嘱咐他们带上照相机，以便让新闻界亲眼目睹他最后一次的戏剧性表演，刊登出去昭示于众。然后按时来到自卫队总督中心大楼，一伙人开始行动，捆绑总督，并强行召集总督自卫队听其煽动性的讲演。最后，按程序宽衣解带，三呼天皇陛下万岁，在地毯上正襟危坐下来。先割破手指，在事先预备好的日本纸上写下一个"武"字，抛笔后，便把短刀捅进自己的左侧下腹，再次三呼天皇陛下万岁，便请求他的伙伴对他进行补刀，砍下他的头颅，他的伙伴对他补了三刀，三岛才身首两处，结束了生命。

一切都是按照步骤血淋淋地进行……

接下来，是整个日本的哗然与震惊，以及规模宏大的哀悼和国葬，浩浩荡荡的人流伴随着贝多芬第三交响乐为之送别。如果是一个国家领导人或者社会活动家，这个局面是非常顺理成章合情合理的，但作为一个艺术家文学家，便显得不大对劲。死是一件非常个体的行为，轰轰隆隆、喧天响地，总觉得是一出悲剧戏的表演。

我的一位诗人朋友说，沉默比毒药更动人。在生活中，我常常有同感。

三岛的死，与我尊敬的茨威格以及令我心疼的张爱玲的安详的离去，在人性的哲学的层面上是多么的不同，死神每一天都在触碰他们深层的精神和灵魂，而不仅仅是触碰他们的躯体或握住刀刃切腹的手腕，也不仅仅是触碰了某种实现自我压抑的欲望。他们始终在反省，那些忙碌的虚华浮荣、功名利禄，那些礼貌之下人类的冷漠与孤独，那些虚设的意义与价值，到底都是些什么？这才是对人生终极问题的最深邃的质疑。他们默默无声地消逝了，不打扰任何一个人，他们把死亡作为最后一个沉静的哲学，留在后人心里，让我们继续思索。

前者是一种当"烈士"的欲望，后者是一种人类最深层的探索生命的哲学。两者完全不是一种境界。

　　但毕竟三岛是悲壮的，谁会用自己的生命去表演呢！这也是最后的壮烈了。

谁掠夺了我们的脸

我与思

人们几乎忘记了一点:"我"和"一个隐蔽的我"经常同时并存。
人有时候同时也是另外一个人。

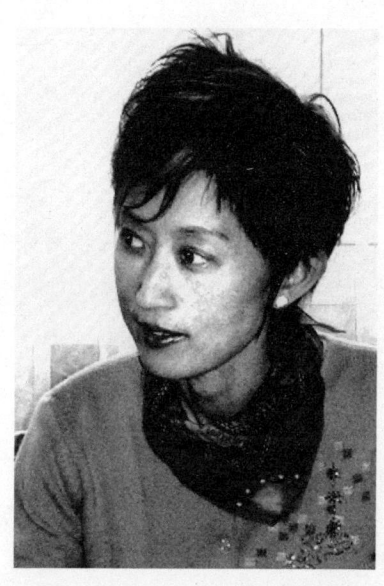

有人把「力量」区分为「硬力量」和「软力量」。

懂得某种妥协，就是选择了自由。

只有内心勇敢的人，才懂得这种妥协的力量。

真假孤独的人

四堵墙一围，就是一间没有出口的房子。门扇紧闭，墙壁缩紧肩膀，它们互相牵引着靠近，间距越来越令人窒息。

一个人在这样的沉夜里独坐其中，呼吸急促，渴望空气犹如焦渴的唇际等待爱情，犹如仇恨的火焰等待敌人的眼睛来点燃。他在默默反省如何落入这番境地。

真正孤独的人无所谓墙壁是否存在，他只是避开闪光灯以及喧哗的舞台，在角隅里写着字；

假装孤独的人在房子当中表演，左右翘盼，后顾前瞻，墙壁只是充当孤独的道具，与他心照不宣。

如此不同

有一天，我在梦中遇到一个极富"才华"的以写书为生的年轻人。

他对我说：他从不关心这个社会的上层建筑，因为他不是泥瓦匠的儿子；他也不关心社会机器的运转，因为他也不是钟表匠的儿子。

我想了想说：我可没有你那么"幸运"啊，我既是"泥瓦匠"的女儿，又是"钟表匠"的女儿。同样是写作，可我们天生就是不同啊！

"主义"牌拖鞋在奔跑

他用一个日常人们所愿意接受的雄鹰的姿势，一使劲、一个翻跃便蹿到人群之上……

他的一生只拥有这一次翻跃，只用这样一个姿势，便永远腾空高昂在树尖、塔顶以及楼角天线上边的高空中浮游闪耀，终生完成了一只短命而脆弱的蜻蜓向强健雄鹰的全部进化。

高处不胜寒。于是，他结党气流、投合风声，穿上适宜自己型号的"主义"牌拖鞋——那拖鞋巨轮一般乘风破浪、斩雾劈云，他呼风唤雨，声势浩荡，威赫群山。天上川流的彩霞向他脱帽行礼，地下成片的绿荫向他折腰倾跪……

其实，他并没有自己的脚，只是那拖鞋载着他奔跑。于是，他便以为他是一只雄鹰，一个艺术家。

大路之外的某一处幽僻地方，行走着另一个人——一个真正的艺术家，她路过这里，很安静地看看"雄鹰"，又看看天依旧是浓浓的蓝，地依旧是阔阔的黑，便轻轻一笑，然后闪身避开大路和人群，脱掉被人们套在她脚上的各种色彩纷呈、追星逐月的"主义"牌拖鞋，在角落里独自让自己的脚心挨着土地。她不需要阳光地带喧嚣的喝彩，或招安者真诚的"天气预报。"她惯于孤身走路。

她始终在路上，沿着经线和纬线，以一个陌生人的样子，走过一片片旷无人烟的秃岭和荒原，寻找一处自己的家乡。那个遥远的去处被人们称做乌托邦——一个虚幻的地方。

她不打算到达哪儿，做一个谁也不认识她的陌生者独自漫游就是她的目的。

有知识的非知识分子

网络于我而言是一个最为便捷的信息源，只是一个信息源而已。它的质量和意义，相当于一次熟人聚会，会获得一些信息，比如：谁和谁因为什么事打文字仗了；谁拍了一部什么电影以及花边新闻了；谁生了谁去了；谁出版什么书了；谁的官司赢了或输了……诸如此类。知道就知道了，不知道也没什么。

如今有不少人以为，网络信息等同于文化，某一专业技能的毕业证书等同于知识分子，能使用英语或哪国语交谈等同于学识……弗兰克·富里迪曾在《知识分子哪里去了》一书中提到："知识越来越被视为技术性操作的产物，而不是人类智慧的成果"。我以为极是。时下，越来越多的人正在演变成拥有高技能、高手艺的而欠缺人文文化、失去思想乐趣的有知识的非知识分子。

只有爱是不够的

人们能够相守结伴在一起，说到底，到最后已不再是喜欢与不喜欢、爱与不爱的问题，而是个性的磨合融洽等等综合因素。人在这份融和安宁的相守中，感受着安全、体贴与温暖，感受着依然存在的自我空间以及内心的富足。只有爱是不够的，远远不够，它会在现实的平凡中被击得粉碎，也许只因个性、修养、能力甚至财富等等我们以为比爱次要的因素而粉碎！

我之所以不做电视

其一，我不擅长口头表达，甚至显得拘谨而木讷，如遇脑瓜聪明、口齿伶俐的主持人，我非得被逼到角落里、跳进黄河也说（洗）不清了不可；

其二，电视是比较直白的主流媒体，如果说，我的比较边缘化的或逆反主流的言论，用含蓄的文字书写，尚可出版的话；那么，用直白的口语在电视上说出，就一定会被审查清理出来。试想，把我"清理"得那样中规中矩、不疼不痒后，还有什么可看可听的呢？

当然，最主要的是，我喜欢在角落里安静甚至安闲地生活，为别人"表演"，太累了。

完美与残缺

有人说，他的生活角色看上去显得"完美"，可是他愈是日臻完善，愈是露出连他自己都感到的难堪与虚伪，整日陷入一种压抑之中。

我以为生活的"完善"，很多时候是以丧失更多的"自我"来换取的，来平衡的。找到一个自己认同的"平衡点"就行了。世界上没有绝对的完美，只有相对的残缺。我们首要明确的是自己最看重什么、最需要什么，倘若这一点基本满足的话，其余均为次之的了。所谓放弃完美，即是放弃对于次要部分的完美追求。

永久或永远的基石是什么

在家庭关系或者在彼此亲密爱慕的两人关系中，什么是带来持久稳定的基石？肯定有人会说是爱情。其实，这是简单或幼稚的。再或者说，是不诚实和不敢面对真实的。我恰恰以为，除了爱情什么都没有的关系是最最危险和脆弱的，而且几乎是一触即溃的。爱情可能只是前提，但它稍纵即逝，人类必须面对没有永远的爱情这一事实。我以为，能够持久稳定的基石，其实在于这份关系带给你的满足、优势和它对于你自身的合理性，使你对于这一关系拥有长远的依赖和不舍，你当然也为此奉献着责任和爱。难道不是吗？彼此对这样一种关系的需求和认定，比单凭信奉彼此相爱更为牢靠和持久。

居尔特人

恩雅，你这居尔特人的声音远远浮来。你的哼吟来自云巅之上，来自深水之下。久远的回声一波一波扣击着业已麻木的灵门。我沉坐在那已经旧去的门槛之上，依旧无能为力地被你摇撼！恩雅，我只能将你的魔音放任于我独自时的血液中，万般舞荡；而在更多时候的人群里，我只能将你暂放梦边，如一杯隔夜陈茶，在身体里凉却。

"在水下边……是 Capel Celyn 村。这个威尔斯的村庄，在居民的极力抗议和奋斗之下，仍然被淹没了，只为了装设一座蓄水池。这是 Capel Celyn 村失陷的挽歌，回忆只能留在水面之下。"你这居尔特人的歌吟，如烟如雨，将我一泻千里地淹没；你使我能够在喧嚣都市的噪音拥挤中，抽出身去，回头埋首瞑听自己心里敲出的木鱼声声。

季节的脚步

母亲走在盛夏的燠热中，抚摸着涔涔的空气，叹息说，真怀念凛冽刺骨的冬天啊，凉凉的雪花飘落在脸颊上，心里像吃了脆心萝卜一样甘甜清爽。

母亲走在寒冬夜人行的路上，狂风大作吹弯了她的腰身，她拂开掉落肩头的干树枝，嘟嚷着，真怀念热浪袭人的夏天啊，骨头都融化了，血管里的血液跟自来水一样通畅。

墓志铭

R 小姐有一天道听途说，崔永元开玩笑，说他的墓志铭是：我觉得我还可以再抢救一下。

R小姐以此调侃说，那我的墓志铭是：还没来得及吃安眠药就睡着了，运气真好。各位晚安。

讨　教

R小姐非常崇敬某某老先生，有一天在一个格外肃穆庄严的会场见到他，在擦肩而过的一瞬间，R小姐悄悄地对紧绷着脸孔的老先生说，您的那本《××××》书还没有送给我斧正呢!

开心小于

我有个朋友叫小于，说是叫小于，其实更应该叫大于，因为她的个子实在太高，我得使劲仰头，目光翻山越岭的才可以看清她的脸。所以，她经常蹲着呆着，让我们觉得自己很高。

别看她长这么大个儿，还在单位里人五人六地当个"于总"，可私下里说出话来着实是个大孩子，她的可爱也在这里。

记得第一次见到小于是在一次晚餐聚会上。聚会之前，好友就体贴地提醒我说，"有个叫小于的，无论她说什么，你可都别正着听啊。"那天，有一阵大家好像有些冷场。小于一边抽烟，一边把自己的裤腿略微掀了掀，自言自语道，"唉哟，我怎那么白啊? 真崇拜我自己!"大家都笑了。

小于转身喊服务员，"先给我来一锅馒头!"然后一脸严肃地告诉我们大家，"为了今天这顿饭，我饿三天了，多不容易啊!"

有一天，小于非闹着来我家看狗狗三三。进了家门，晃晃悠悠的，我忽然觉得房顶怎么变得那么矮呀!

见了热情的三三，小于张嘴就说"抽烟吗? 别客气，来一支吧。"

我说，"我们家孩子不抽烟，你别教唆青少年啊！"

然后，小于各屋参观巡视一番，就开始大呼小叫，"我住哪屋啊？我住哪屋啊？"

她转身又冲我妈妈说，"阿姨，趁我今天忙里抽闲来了，您跟陈染赶快开个会，把这事定下来。我多忙啊！"

我妈妈稀里糊涂的，说"定下来什么事啊？"

"我住哪间屋啊？"

我赶快说，"妈您别理她，她胡说八道惯了，这人脑子可困难了！"

我妈妈愣了一会儿，说，"噢，噢。"然后，才给逗乐了。

我家里有一个仿古的装饰性电话，平时我习惯用手提电话，所以这仿古的几乎不用。小于凝神看了看这机器，忽然问，"这电话能通吗？"

我说，"能通。但没插上线。"

小于站起来，走到电话机旁，拨了一个手机号码，然后说，"小于，你好吗，我可想你了！嗯……嗯……那再见啊！"小于自己跟自己说完，也不笑，又坐回到沙发上。

小于的车总是被她开得缺胳膊短腿，东边拧着西边歪着。有一天她说，"不定什么时候换辆新车。不过，我会提前告诉大家的，让全市人民在那一天为了自身的生命安全全都不要上街。"

光 阴

老人在一个半阴半晴的夏日的午后，手摇一把扇页上写着"难得糊涂"的竹皮骨扇子，半眯着眼，倚在松软的沙发里，睡意像雾霭一般在他的眼前弥漫。

"真想回家啊！"老人轻声嘀咕一声。

儿子在一旁笑了，"您不就在家里吗！"

"是啊，是在家里。"老人索性把眼睛全闭上了，以便让记忆更加真切地在光阴中漫游，一些褪色的片段以模糊难辨的形状若隐若现。

"可是，可是啊，你不懂，我还是想回家!"老人怀着比一个哲学家寻找一个答案更加迫切的心情。

老人二十年来，在这个日新月异的梦一样变迁的城市场景中，从东到西，由北到南，历经数次搬迁，现在终于落脚在现在这个宽敞舒适的住宅，过上了衣食无忧甚至闲散奢侈的好日子，老人知道这里将是自己安度余生、颐养天年最后的家了。

老人又缓缓地睁开眼睛，抬头望望窗外天空中浮游的模糊不清的朵朵残云，脸上似乎也被蒙上一层云翳，又望望窗前茂密的悬铃木树叶，温温吞吞的夏日的小风正在叶缝中穿梭，浓绿的树冠发出萧萧瑟瑟的呜咽声。

老人仿若自言自语，低低的嘟囔着，"你不懂，我这会儿坐在家里，依然想回家! 因为，因为你还没有经历过足够的光阴呢……"

窗帘深处

某一种窗口，窗帘的用途好像是用来遮掩什么秘密，其实它不过是在午后或傍晚的空寂中，徐徐波动，点缀一下乏味的房间，表示风的存在。因为，它没什么秘密可言。

水大于鱼

近日听到一个说法："鱼对水说，你看不到我的眼泪，因为我在水里；水对鱼说，我能感觉到你的眼泪，因为你在我的心里。"

鱼的眼泪固然是酸楚的隐蔽的，然而，水的柔软则更是包容大气、坚韧无畏的，它怀抱着既定方向推波助澜，柔韧向前。

谁掠夺了我们的脸

成熟的人是水，柔韧的水。如我这般需要不断说服自己的人，充其量是脆弱的鱼，只配投入柔韧而博大的水的怀抱！

黄昏的倦

黄昏的倦首先是缘于这一整天欲下还休的春雨，缘于你的目光试图分辨灰蒙蒙阴沉着的天际与远处屋顶上烟囱里冒出的青烟的关系，缘于浴室里的水龙头滴滴答答的漏水声，缘于邻窗那边绵延过来的由老式的留声机发出的一支沙哑的旧曲……

你一只脚悬挂床沿悠闲地摇晃，大半个身体倚靠在床板上，你用寂静的脊背谛听着身下的吱扭吱扭声；你预感一封等候多时的信，正随着邮递员的绿色车轮滚落到你空荡荡的信箱里，那人从长睫毛里闪动出一个莫测的微笑，面孔冲你一晃，倏地就消失不见了；似乎有一个老生常谈的疑问——生活的意义——又在你脑子里的盘环路上旋转，这个急驶的问号伸手可及，可是，当你的指尖触摸到它的时候，它已经又向前滑行了一段距离；静而且凉的玻璃窗外边，两件晾干的旧衣裳在阳台上微微摇晃，仿佛两个踩着高跷的人向屋里悄悄张望……

黄昏的疲倦就这样降临了，你手里一边举着的一本什么书，一边被随之降临的睡眠击落于地，你的另一只脚先于你的思绪，踏入梦里。

思想银行

在这个没有厚度和重量的地方，人造金属的声音便格外响亮。人们踮起脚尖，放轻脚步，急匆匆蜂拥在主干街道上，却依然被黄灿灿的金钱压坠得步履沉重而蹒跚。在这个遗失所有梦想的荒地，一年四季仿佛都是香喷喷又凄惶惶的晚秋，人们只忙碌于从沉睡的土地上收获或播种金币。

霓虹街头那个举世瞩目的叮当作响的银行，门庭若市，穿流不息，火苗般燃烧着人们的欲望。它在耀眼的远处凝视我，召唤阴影里四顾观望却泰然处之的我，走过去，走进去，彼此交换利益。我攥了攥手指，插进兜里。我想不好自己到那里能做什么。

但我并不感到恐惧或忧虑，因为只消我掉转头背对人群，爬上几层暗灰的楼梯，穿越一截一截左旋右转、静无人迹的长廊，进入楼房顶层的那一间弥散木香的小屋，然后轻轻地把"笔记本"打开，我便可以走进另一个"银行"——这里悄无声息，遗世独立。没有门卫，里边也没有监督员告诫我该这样不该那样，我可以信步徜徉。这个完全由我一人操作、管理并主宰的"银行"，已处心积虑经营多年，我在此流连忘返，把墨水瓶里浓缩的思想，一点一滴涂抹到我的银行里去。这件在日常的人们看来微不足道、不值一提的小事，对于我却有着永久的魅力，比装满一个无边的钱罐更让我乐此不疲。

我倚在这间小屋夏季敞开的窗子下，把身子蜷缩成一团，膝上放着纸和笔，偶尔喝一口清茶，膝上那些文字便金子般充满诱惑，我挥"金"如土。

如草木般清宁

许多年来，我一直过着密集思维的日子，仿佛做什么都必须探讨出一个究竟。时光从身边流过时，总想抓到一种"理由"才感觉对自己有个交代。十几年如一日地这般生活，的确使人身心疲惫倦怠。对自己的怀疑已经很久了，而且日甚一日——我们一生中的美好时辰如蜉蝣一般短暂，如一个美妙的清晨那样稍纵即逝，何必要用什么"理由"来侵占甚至吞没这良辰美景呢？何必要用什么"意义"来打扰这洒满阳光的软床上的一个懒腰呢？过多地被"理由"、"意义"这些抽象的东西缠住，是否意味着抛弃了具体而真实的生活？我们是在忽然疲惫的一天，开始怀疑并重新审视自己的生命的——

我们是否开错了门？走错了路？可是我们已走出了很远。像草木一样没有（刻意的）思想的生活对我来说也许是一种达观而超然的境界，从某一侧面讲这将是我未来的生活姿态。

图书在版编目（CIP）数据

谁掠夺了我们的脸/陈染著 . - 北京：作家出版社，
2007.5

ISBN 978 - 7 - 5063 - 3966 - 7

Ⅰ. 谁… Ⅱ. 陈… Ⅲ. 散文 - 作品集 - 中国 - 当代
Ⅳ. I267

中国版本图书馆 CIP 数据核字（2007）第 059648 号

谁掠夺了我们的脸

作者：陈　染

责任编辑：陈　华

装帧设计：任凌云

版式设计：周　鹏

出版发行：作家出版社

社址：北京农展馆南里 10 号　　　　邮码：100026

电话传真：86 - 10 - 65930756（出版发行部）

　　　　　86 - 10 - 65004079（总编室）

　　　　　86 - 10 - 65015116（邮购部）

E - mail：zuojia@ zuojia. net. cn

http://www. zuojia. net. cn

印刷：紫恒印装有限公司

开本：640×960　1/16

字数：230 千

印张：16.75　　　　　　　插页：2

印数：001 - 30000

版次：2007 年 5 月第 1 版

印次：2007 年 5 月第 1 次印刷

ISBN　978 - 7 - 5063 - 3966 - 7

定价：28.00 元

陈忠实　2007. 6